Guillaume Rabie

Cessez d'être gentil, Affirmez-vous et soyez vrai

Apprendre à dire Non et fixer des limites

Mise à jour octobre 2021
Dépôt légal octobre 2021

Table des matières

Introduction :

Dans un monde idéal, la réponse à la question de savoir si les personnes gentilles sont aimées serait oui. Malheureusement, la vérité est que ces personnes ne sont souvent pas très affirmées et sont rapidement dominées par leur partenaire. En outre, pratiquement toutes les personnes de l'entourage tirent un grand avantage d'une telle personne. Comme nous l'avons mentionné précédemment, l'utilité d'être gentil dépend de la personne et de la situation. Cependant, il arrive que des personnes trop gentilles veuillent sauver le monde avec leur énergie positive et altruiste. Bien sûr, il existe des personnes au grand cœur qui apprécieront une telle qualité chez un partenaire, mais la plupart de ces relations sont fondées sur une relation toxique. Le partenaire profite de l'autre personne parce qu'il sait qu'elle ne dira jamais non, qu'elle ne dira jamais qu'elle n'est pas d'accord avec quelque chose parce que c'est impoli pour elle.

De nombreuses personnes ont la conviction morbide qu'être gentil consiste à rendre heureux tous ceux qui les entourent, tout en ignorant leurs propres besoins. La psychologie connaît des cas où cette attitude provoque de graves problèmes mentaux tels que la dépression. Souvent, sur leur lit de mort, les gens regrettent d'avoir rarement dit non et d'avoir été gentils même quand ils n'en avaient pas envie. Les personnes atteintes de ce syndrome réalisent souvent des années plus tard qu'elles sont utilisées et exploitées par leur entourage. Lorsqu'on leur demande si les gens gentils sont aimés, ils répondent que non.

Il arrive aussi que les personnes touchées par le syndrome de la gentillesse n'atteignent pas le succès parce qu'elles ne savent pas comment se présenter, qu'elles sont étouffées et qu'elles perçoivent le fait de se vanter de leurs réalisations comme une attitude orgueilleuse et antipathique. Mais il ne s'agit pas seulement de faire passer les intérêts des autres avant les leurs. Les gens qui sont gentils n'acceptent souvent pas correctement les compliments, car ils y voient aussi quelque chose de mal, et ils permettent souvent aux autres de leur manquer de respect, car ils voient aussi l'opposition comme quelque chose de mal. Par conséquent, après de nombreuses années à être traités de cette façon et à être gentils avec le monde entier, même si intérieurement ils ne le veulent pas, ils deviennent déprimés, en colère et frustrés. En outre, un sentiment de dévalorisation émerge, car ils veulent le bien de tous et les autres ne leur donnent pas ce qu'ils leur donnent, alors peut-être qu’ils n’en valent pas la peine.

Le résultat de cette attitude est souvent une erreur d'éducation. Les parents, qui veulent avoir des enfants bons et polis (selon eux), répètent qu'ils doivent être gentils et ne pas exprimer d'émotions négatives. C'est une erreur, chaque émotion est belle et il est sain de la rejeter. Si nous n'avons pas envie d'être gentils avec quelqu'un, ou si nous pensons qu'il ne le mérite pas, ce n'est pas grave, le plus important est de vivre en harmonie avec soi-même.

J'ai écrit ce livre, pour aider tous ceux qui veulent toujours être gentils, mais qui se laissent utiliser par leur entourage. Qui ne refusent jamais, même au prix de leurs besoins. Bien sûr, il existe des situations où le fait de s'occuper des autres doit jouer un rôle clé. Mais elle ne doit pas être fondée sur le besoin d'être accepté. Les protagonistes de ce livre sont des personnes qui ne peuvent pas dire non et faire quelque chose juste pour elles-mêmes.

J'explique les raisons et les mécanismes du phénomène de la gentillesse, je vous donne de nombreux conseils pour modifier ce comportement, souvent fastidieux. Elle présente des techniques pour prendre confiance en soi. Il montre l'importance du ton de la voix ou du langage corporel dans les relations avec les autres. Il s'agit essentiellement d'un livre sur la manière de dire NON avec confiance, de communiquer avec assertivité et affirmation de soi avec les autres. Et surtout sur Comment être gentil pour être authentique et, en même temps, ne pas se perdre dans le regard des autres comme une personne naïve

Ce livre est pour vous si:

- Vous avez des difficultés à exprimer vos émotions et vos pensées, à exprimer des critiques dans diverses situations sociales (conversations individuelles ou apparitions publiques) ;
- Vous vous demandez où se situe la frontière entre la soumission, l'affirmation de soi et l'agressivité;
- Vous acceptez des choses que vous ne voulez pas faire;
- Vous communiquez votre opinion d'une manière qui blesse les autres;
- Vous ressentez des remords si vous refusez quelqu'un;
- Vous avez du mal à exprimer votre opinion si elle diffère de celle des autres;
- L'expression de soi est déroutante et vous avez tendance à trop influencer les autres;
- Demander quelque chose vous embrouille;
- Vous ne savez pas comment gérer les situations de conflit;
- Recevoir des commentaires (y compris des commentaires positifs) est gênant pour vous;
- Il est difficile pour vous de maintenir de bonnes relations avec les autres;

- Donner du feedback au travail est stressant pour vous ou vous l'évitez;
- Vous voulez maîtriser la gestion du stress dans les relations et conserver l'authenticité;
- Vous recherchez une méthode de développement personnel qui vous aidera à augmenter votre confiance en vous et votre estime de vous-même .

Dans ce livre, je vous montrerai étape par étape comment surmonter les obstacles sur la voie d'une attitude assertive. Vous acquerrez des connaissances et des compétences qui vous aideront à :

- Fixez vos propres limites et défendez-les sans causer de problèmes aux autres;
- Exprimer votre opinion;
- Défendre sa position tout en respectant l'opinion des autres;
- Gérer les émotions difficiles de manière constructive lorsqu'elles surviennent en interaction avec les gens;
- Exprimer clairement vos besoins ; demander quelque chose avec fermeté et efficacité;
- Refuser catégoriquement;

- Demander quelque chose poliment et efficacement;
- Gérer de manière constructive les situations de conflit;
- Maîtriser la capacité de donner et de recevoir des commentaires;
- Utiliser librement des techniques d'affirmation de soi;

Ce livre est une formation complète sur l'affirmation de soi vous aidera à maîtriser les compétences ci-dessus et à gérer plus efficacement le stress dans les relations interpersonnelles, ainsi qu'à exprimer vos propres pensées de manière affirmée. Les exercices et techniques de cette formation visent principalement à mieux se connaître, à connaître ses propres besoins et limites, grâce auxquels il est possible d'exprimer vos sentiments, vos pensées, vos croyances et d'influencer votre propre vie. La pratique d'une attitude assertive permet le développement personnel et augmente également l'estime de soi.

Comment être trop gentil détruit votre vie

Être trop gentil.

Ce titre et cette introduction semblent un peu dramatiques, voire exagérés, mais je n'ai pas du tout exagéré. Être trop gentil a de graves conséquences à une micro échelle - c'est-à-dire pour vous-même - et à une macro échelle - c'est-à-dire pour nous tous. Et quand je dis cela, je vois déjà tous ces commentaires : "Nous devrions donc être grossiers et méchants ? Non, je veux dire que nous devrions être équilibrés, mais je reviendrai sur ce point. Ce livre est pour vous si votre attitude standard est d'être TOUJOURS et TOUT le temps gentil. Si vous êtes toujours poli, prêt à aider, que vous essayez de mettre les autres de bonne humeur, que vous apaisez la colère et la contrariété des autres, que vous êtes charmant, drôle, toujours souriant, que vous ne laissez jamais tomber personne, que vous êtes d'accord avec tout, que vous flattez les gens pour qu'ils vous aiment, que vous avez peur de les contrarier, que vous avez peur de la confrontation, que vous voulez que tout le monde vous accepte et vous aime et que vous pensez que tout cela vous permettra de mener une vie agréable et d'obtenir ce que vous voulez. Si c'est le cas, alors ce livre va, je l'espère, vous dégriser. Parce que la vérité est que, même si tout cela semble idéaliste, merveilleux et semble souhaitable et nécessaire, être gentil toujours et partout fait plus de mal que de bien, surtout lorsque vous ne sentez pas que vous avez le choix et la possibilité de réagir différemment. Et il en va de même avec les gens qui sont trop gentils. Ces personnes cèdent, acceptent tout et se soucient de tout et de tous ceux qui les entourent, sauf d'elles-mêmes, et ne savent pas comment faire autrement. Ils ne se sentent pas capables de faire autrement - par exemple, de dire non à quelqu'un ou de se mettre en avant. Ces personnes suppriment l'expression de leurs besoins, elles ne veulent pas le faire, parce qu'elles l'associent au rejet, au manque d'acceptation, d'amour, ou elles ont peur du conflit, de la confrontation, de l'agression de quelqu'un, elles ne se sentent pas capables de se défendre. Si vous êtes une telle personne, ce que je vais dire maintenant ne vous ne l'aimerez probablement pas. Ce qui est vrai dans cette situation, et probablement aussi contraire à vos croyances personnelles, c'est que la stratégie consistant à toujours être gentil ne vous mènera nulle part et, avec le temps, se retournera de plus en plus contre vous et finalement contre nous tous. Parce que lorsque vous supprimez continuellement de montrer qui vous êtes vraiment, ce que vous voulez vraiment dire, ce que vous avez vraiment envie de faire, vous devenez ***un menteur.*** Et ce n'est pas une accusation mais la vérité. Vous présentez votre masque au monde et à l'intérieur de vous bouillonnez de colère, d'agressivité et de ressentiment qui parfois sort de vous, parfois vous montrez votre autre visage, mais alors vous vous noyez dans la culpabilité et devenez turbulent pour compenser cette explosion de colère envers vous-même et les autres. Pour se débarrasser de ce sentiment lancinant de culpabilité. Ce n'est pas ce dont nous avons besoin. Au contraire, ce qu'il faut, c'est un équilibre dans tout cela. Il s'agit de créer un choix pour vous-même et d'accéder à d'autres comportements, au spectre complet de vos réactions possibles, et de choisir les bonnes réactions en fonction de la situation. Ce n'est pas la même chose que d'alterner entre - soumission totale ou rage totale.

Vous avez probablement peur, en ce moment même, d'être ou de devenir méchant si vous êtes le genre de personne toujours gentille. Cela vous semble effrayant d'être si grossier, si peu souriant, si froid, si peu serviable, mais probablement que quelque part au fond de vous, vous êtes aussi tourmenté par le fait que vous êtes perpétuellement un arriviste et que chaque jour vous subissez des dizaines de petits échecs cuisants lorsque vous acceptez quelque chose que vous ne voulez pas, vous perdez une autre partie de vous-même. Vous êtes encore plus faible. Pour que cela change, vous devez apprendre à utiliser votre côté sombre - cela s'applique aux filles comme aux garçons, mais surtout aux filles. Parce que ce sont surtout les femmes qui essaient de faire plaisir à tout le monde autour d'elles et qui disent rarement non. Après une certaine période où ils ont toujours été dans le oui, ils commencent finalement à être totalement dans le non. Ensuite, les gens se demandent ce qui leur est arrivé, car ils étaient si gentils. Eh bien, ils ont été gentils pendant trop longtemps au lieu d'être équilibrés et de pouvoir être ce qu'ils voulaient vraiment être dans des circonstances différentes. C'est une question de choix.

Le problème, c'est que si vous êtes une personne si gentille, vous en profitez probablement pour vous-même. Vous en retirez quelque chose et vous avez peur de le perdre si vous vous comportez différemment. Beaucoup de gens, disons, vous "aiment" et vous considèrent comme quelqu'un de gentil et, surtout, comme une bonne personne sur laquelle on peut toujours compter. En tant que personne sympathique, vous en êtes probablement très fier, mais vous en payez aussi le prix fort. Vous obtenez des restes de la table de la vie, vous mangez les restes juste pour obtenir l'opinion positive de quelqu'un, la sympathie théorique ou la tranquillité d'esprit. Tout le monde profite de vous et vous hochez la tête et acceptez tout, de temps en temps vous explosez, mais ensuite vous retournez à votre place. Vous devenez invisible, votre estime de soi est à peine vivante, mais vous êtes là tout le temps et vous dépendez des autres pour votre estime de soi. C'est comme si votre ***estime de soi devait passer par le filtre de l'opinion des autres à chaque fois,*** et qu'en passant par ce filtre à chaque fois, quelque chose y restait - une partie de vous. Vous vous trahissez lentement au nom des piètres avantages que vous tirez du fait d'être toujours gentil, disponible, sympathique et de ne menacer personne. Cela ne fonctionne pas et vous le savez probablement déjà, mais arrêtez de vous faire des illusions sur le fait que cela fonctionnera un jour. Il est temps de s'en remettre. Si vous voulez vraiment vous sentir bien dans votre peau au lieu de vous contenter de n'importe quoi, vous devez abandonner cette stratégie et renoncer à ces avantages illusoires que vous procure le fait d'être toujours gentil. Vous devez apprendre à vous comporter différemment et à utiliser différents outils dans votre vie, tout en y ayant accès. C'est-à-dire que vous devrez être capable de montrer vos griffes et vos dents parfois et ne pas attendre de ne plus avoir le contrôle et d'exploser. Parce que la gentillesse se situe entre ces deux extrêmes. Soit ils sont gentils jusqu'à ce qu'ils aient la nausée, soit ils explosent. Aucune des deux stratégies n'est bonne, il manque le milieu. Et je sais que vous êtes probablement en train de faiblir à l'idée de devoir sortir vos dents et vos griffes plus tôt que lorsque vous êtes poussé à l'extrême, mais c'est ce que vous devrez apprendre pendant qu'il est encore temps. Parce que la tragédie commence lorsque les comportements et les attitudes de l'enfance, car c'est de là que vient cette notion de gentillesse et de politesse, vous amènent à sacrifier vos besoins, vos désirs et à donner totalement le contrôle de votre vie aux autres à l'âge adulte. Ce type de gentillesse est un grand malheur, mais il peut être changé, même si vous en avez probablement peur et ne savez pas vraiment comment faire, mais c'est possible avec un peu d'engagement. Pour changer cela, vous devrez commencer à demander ce que vous voulez et arrêter de tirer fierté et satisfaction du fait que vous êtes toujours si facile à travailler, que vous n'avez jamais de commentaires et que vous n'exprimez jamais vos besoins. La mission est de devenir équilibré et plus difficile à travailler, mais pas dans un sens négatif, mais dans un sens très responsabilisant, honnête et inspirant. Beaucoup de personnes sympathiques pensent qu'il est mauvais d'être plus difficile de collaborer, qu'il est mauvais de s'opposer et de dire avec force ce que l'on veut dire. Mais tout ce qui est poussé à l'extrême a des conséquences négatives, même les bonnes choses. Penser en termes de noir et blanc, c'est-à-dire soit je suis gentil et bon, soit je dis non et je suis mauvais - c'est quelque chose qui doit changer. Parce que bon ne veut pas toujours dire gentil et gentil ne veut pas toujours dire bon.

Spectre.

Les personnes gentilles pensent souvent que le contraire d'être gentil est d'être mauvais. Pour eux, il n'y a rien entre les deux. Soit ils fuient le conflit, soit ils cherchent à être acceptés, et c'est tout. Le problème est que, bien compris, le contraire d'être gentil n'est pas du tout d'être mauvais ; c'est juste être égal, assertif, c'est accéder à notre propre pouvoir, capacité, confiance, détermination, authenticité au meilleur et au pire de nous-mêmes. C'est ce qui effraie les gentils. Les gentils sont coincés à un bout de l'échelle et ignorent complètement l'autre bout. Ils prétendent à eux-mêmes qu'ils ne sont pas capables de faire de mauvaises choses, qu'il n'y a pas d'agressivité, de colère ou de malice en eux, mais sous le joli sourire se cachent des pensées très sombres, noires. Une énorme colère, de la haine, un profond ressentiment. La vérité est que tout le monde est capable de faire de mauvaises choses, vous aussi, et vous feriez mieux de l'accepter. En vous faisant croire que ce n'est pas le cas, vous prenez davantage de risques et vous vous privez de ressources précieuses. Les gentils combattent la partie agressive d'eux-mêmes au lieu de l'utiliser, ils ne veulent pas être une menace pour les autres, ils s'assurent que personne ne voit leur côté sombre et n'apprend qu'il existe, ils ne veulent pas le voir eux-mêmes non plus. Mais c'est souvent là que se trouve la force de dire non et de commencer, même si vous ne voulez même pas y regarder, parce que vous niez l'existence de cette partie de vous. Mais c'est là que vous devez chercher à utiliser ce côté sombre de manière civilisée. Et je sais que cela semble complètement contraire à ce qu'on vous a probablement appris. Vos parents vous ont dit d'être toujours gentil et poli et de ne pas vous mettre en colère, mais la vérité est que vous n'avez pas du tout besoin d'être gentil, vous pouvez l'être. Je ne veux pas dire que vous devez devenir un mufle arrogant et dire non à tout et n'importe quoi. Je veux plutôt dire être capable de dire oui quand on veut dire oui et non quand on veut dire non. Pour cela, vous avez besoin de cette partie de vous-même moins docile dans votre personnage. En d'autres termes, il ne s'agit pas de laisser libre cours à toute votre agressivité, mais plutôt de créer une sorte de gradation au lieu de deux extrêmes. Nous avons besoin d'un spectre complet. Qu'est-ce que je veux dire ? Imaginez un chien ordinaire, normal. Un chien normal se couche généralement, regarde autour de lui et ne fait rien, bâille, mange et remue la queue. Parfois, il grogne, aboie quand quelqu'un passe, vous avertit, mais il ne veut pas forcément bouger de sa place.

Lorsque vous vous approchez d'un chien qui grogne, vous devez vous attendre à ce qu'il vous morde. C'est évident, il vous prévient, vous savez ce qui peut arriver si vous ne reculez pas. D'abord il a aboyé, maintenant il grogne. Supposons que vous ne reculez pas, que le chien attaque, commence à vous mordre, qui est à blâmer ? Bien sûr que c'est votre faute, le chien vous a prévenu, vous l'avez demandé vous-même. C'est le spectre du comportement dont je parle. Il est peu probable qu'un chien passe directement de la position couchée à la morsure de votre gorge. Il reste immobile et vous fait signe de vous retirer. Vous avez également besoin de cet éventail de comportements pour pouvoir être une bonne personne, veiller à vos intérêts et obtenir ce que vous voulez. Il faut être capable d'être très gentil et très dangereux. Vous devez être capable de mordre, de grogner, d'aboyer et d'adapter vos outils à la situation. Mais qu'est-ce que je veux vraiment dire quand je dis ça ? Je ne veux pas du tout attaquer quelqu'un quand je parle de ce spectre. Je parle plutôt de courage et de la capacité à dire la vérité sur ce que l'on pense et ce que l'on ressent sur le moment, la capacité à dire non au bon moment, au lieu de faire semblant et de mentir à soi-même et aux autres. C'est pour ça qu'on a besoin du côté obscur.

Jeux et négociations

En parlant d'obtenir ce que vous voulez, nous pouvons considérer la vie comme une série de jeux et de négociations où vous gagnez ou perdez, vous obtenez ce que vous voulez ou non. Malheureusement, les personnes gentilles perdent très souvent ces négociations dans la vie. Leur comportement montre que le bien-être de leur adversaire est plus important pour eux que le leur. Ces personnes donnent facilement ce qui est important pour elles. Si vous voulez gagner les négociations, vous devrez faire passer vos propres intérêts en premier dans ces négociations. Il ne s'agit pas d'ignorer l'intérêt de votre adversaire, mais plutôt de faire confiance et de croire que lorsque vous vous occupez de votre propre intérêt, votre adversaire s'occupe aussi du sien. C'est ce que je voulais dire quand je parlais d'équivalence. Parce que l'opposé d'être trop gentil n'est pas l'agression, c'est l'affirmation de soi, le pouvoir d'être qui vous êtes - alors vous êtes le plus puissant, le plus direct et si vous n'avez pas peur de dire ce que vous voulez, vous augmentez vos chances de l'obtenir. Bien que, en tant que personne sympathique, vous n'acceptiez probablement pas cela. Vous êtes trop compatissant, complaisant, vous ne savez pas prendre parti, vous cédez et ensuite vous vous sentez mal, vous êtes en colère. Pour que cela ne se produise pas, vous devez avoir accès à l'ensemble des comportements que j'ai déjà mentionnés.

En bref, être poli et avoir des relations respectueuses avec les gens - oui, être une personne facile à convaincre, accepter tout malgré soi et essayer sans cesse de faire plaisir aux autres - non. Cela a une application très pratique. Par exemple, si vous allez postuler pour une promotion, au lieu d'être gentil, vous devez être préparé. Sachez pourquoi exactement vous devriez obtenir cette promotion, soyez capable de la justifier, et soyez prêt à accepter le fait que vous n'obtiendrez peut-être pas ce que vous voulez et que vous devrez le chercher ailleurs. Tout cela au lieu de se renfrogner après avoir essuyé un refus, de sortir docilement et de travailler au même endroit pendant les 30 années suivantes pour le même salaire et au même poste. Comme ça, il n'y aura rien de tout ça.

Un homme bien :

Beaucoup de gens ont aussi l'impression que lorsqu'ils sont gentils, ils sont aussi bons. Mais être gentil n'est pas du tout la même chose qu'être bon. C'est souvent le contraire. Pourquoi est-ce que je dis ça ? Parce qu'il en est ainsi. Pourquoi en est-il ainsi ? Parce que votre quête d'acceptation et votre tentative d'éviter les conflits à tout prix signifient que vous ne vous défendez pas, même lorsque vous devez vous défendre. Imaginez que vous avez un seul et unique meilleur ami. Cet ami a, disons, un problème de drogue et d'alcool. Il brûle chaque centime ou achète de méchantes drogues. Il vient vous voir, vous, son ami, cette personne sympathique, gentille et serviable, pour emprunter de l'argent. Il veut 100 Euro. Que vas-tu faire ? Vous savez très bien à quoi sert l'argent, mais en tant que personne sympathique, vous vous sentez piégé dans une telle situation. Vous vous dites : "Après tout, c'est mon ami, je dois l'aider, si je ne lui donne pas cet argent, il va cesser de m'apprécier et va se fâcher, aller ailleurs, voler quelque chose, se créer des problèmes". Et vous prêtez l'argent à votre ami, en fait, juste pour réduire votre inconfort. Tu te sens bien pendant un moment. Il n'y aura personne qui sera mécontent que vous lui ayez dit non. Un ami vous tapera sur l'épaule, peut-être même, mais comment vous sentirez-vous après ? Tu crois que tu as fait le bon choix ? Cela ne vous aide pas, ni votre ami, sur le long terme. Être bon signifie parfois dire non, se mettre à l'écart. Dans cette situation, cela signifie être honnête et prêt à soutenir votre ami, mais pas le toxicomane, juste l'ami. Il est parfois nécessaire de dire non à quelque chose, peu importe si quelqu'un pleure, se met à crier ou vous déteste. J'espère que c'est clair, bien que probablement beaucoup de gens hésitent encore parce que c'est très fort. Ce désir de plaire aux autres chez les personnes sympathiques est très fort. Mais quelle que soit la façon dont nous nous le représentons, être gentil n'est pas la même chose qu'être bon. Parfois, la confrontation est inévitable et si votre vie est censée être authentique et que vous voulez être une bonne personne, alors elle doit l'être. Vous feriez bien d'apprendre à ne pas éviter ces confrontations à tout prix. Pour pouvoir être bon, il faut aussi être capable de se battre, d'être en colère, de se défendre. Si vous n'en êtes pas capable, jamais et en aucune circonstance, vous devenez la victime de ceux qui en sont capables. Je répète que je ne parle pas d'agressions insensées et de combats à la manière de ceux qui portent une machette sous leur veste. C'est de la faiblesse et non de la force. Ce que je veux dire, c'est plus comme une philosophie des arts martiaux. C'est-à-dire que nous apprenons à nous battre pour ne pas avoir à nous battre, mais lorsque nous devons le faire, nous savons comment nous défendre. Cela décourage immédiatement l'autre camp de se battre lorsqu'il nous voit retrousser nos manches. En d'autres termes, lorsque vous savez dire non et que vous savez fixer des limites, cela signifie que souvent, plus tard, vous n'aurez même pas à vous battre. Bien que vous sachiez qu'en fin de compte, vous aurez aussi ce choix, mais vous utiliserez le grognement et l'aboiement plutôt que la morsure. Il devrait en être de même dans la vie. Avouez à vous-même que vous n'êtes pas si bon et gentil que ça, vous avez des pensées sombres et noires que vous cachez sous un sourire. Au lieu de les cacher, vous devriez les inclure dans votre personnage et les utiliser.

Le monde entier souffre du fait que les personnes gentilles sont incapables de dire non et de résister. Si vous êtes trop gentil, vous contribuez à la montée en puissance des vrais prédateurs. Vous-même en souffrez également. Vous êtes constamment exposé à ces prédateurs qui veulent vous utiliser. Nous devrions être exactement comme les arts martiaux et un chien - capables de mordre, de grogner, d'aboyer, de montrer les dents, de poser des limites, d'être agressifs et de se battre quand c'est nécessaire. Arrêtez de faire semblant d'être inoffensif, car vous ne l'êtes pas, vous êtes potentiellement capable de faire de mauvaises choses. Et je sais que ce n'est pas une vérité agréable, mais c'est dur. Il faut prendre part au jeu et ne pas se laisser dépasser juste parce que quelqu'un n'aime pas le fait que vous gagnez. Vous ne devez pas gagner aux dépens des autres, mais vous ne devez pas non plus vous sous-estimer aux dépens de vous-même. C'est l'équilibre. Comment y parvenir ?

Balance :

Au lieu de passer d'un extrême à l'autre - de la gentillesse et de l'amabilité à une explosion de rage incontrôlable, nous avons besoin d'équilibre. Pour y parvenir, vous devez cesser d'être un menteur et commencer à dire la vérité dans les moments où vous ressentez quelque chose. Vous voulez dire non à la proposition d'un ami d'aller au cinéma ce soir, alors arrêtez de faire semblant de vouloir y aller. Dites non et assumez la désapprobation et l'insatisfaction potentielles que votre non peut provoquer. Cela deviendra plus facile avec le temps. Apprenez à dire ces choses d'une manière qui n'est ni agressive ni apologétique - elle est polie mais directe. Dites simplement - vous savez quoi, merci pour l'invitation, mais je n'ai pas envie d'aller au cinéma ce soir, je préfère lire un livre et en rester là. Ce n'est pas grossier, c'est authentique. Nous prenons souvent les messages simples et courts pour des messages grossiers, mais ce n'est pas forcément le cas. Arrêtez de convaincre les autres et vous-même que vous êtes inoffensif. Une bonne personne n'a pas besoin d'être gentille. Une personne bien développée accède à son agressivité et la contrôle, mais sans la retenir par la force et en acceptant tout. Au contraire, une telle personne exprime simplement ses besoins, exprime un désir ou un refus HEUREUX de faire quelque chose, et ne se soucie pas tellement de savoir si quelqu'un l'apprécie ou non. Il est prêt à assumer les conséquences de l'expression de son besoin ou de son opinion.

Alors reconnaissez que cette partie agressive de vous est en vous et ouvrez-vous à elle. Ce ne sera pas agréable, c'est certain, mais cela vous donnera accès à des ressources qui vous aideront à dire non quand vous le voudrez. Soignez la posture de votre corps, maintenez le contact visuel avec les gens, regardez simplement. Arrêtez de prouver aux gens que vous n'êtes pas une menace. Cessez de vous excuser pour tout, même lorsque quelqu'un vous heurte et non pas que vous le heurtez. Faites en sorte que votre communication soit courte et concise, mais cultivée et respectueuse. Ne tournez pas autour du pot, dites ce que vous voulez dire, soyez direct. S'exprimer clairement et directement n'est pas synonyme d'impolitesse ou de grossièreté. Et peut-être le plus important, affrontez vos peurs. Ce sera difficile au début, mais vous pouvez commencer par être au moins 1% moins gentil. Qu'est-ce que ça voudrait dire pour toi d'être 1% moins gentil ? Arrête de sourire tout le temps, arrête d'être invisible. Défends-toi et arrête d'être si gentil. Le but ici n'est pas de devenir cruel et froid, mais simplement bon, intelligent et fort. En acceptant tout, vous n'y parviendrez certainement pas.

Comment cesser de faire plaisir aux autres à vos propres dépens

Dans ce thème de la satisfaction des autres à vos dépens. Je vous parlerai de ce qui vous pousse à essayer de faire plaisir à tout le monde autour de vous, y compris à de parfaits inconnus, de ce que vous essayez d'obtenir en agissant ainsi, des conséquences d'un tel comportement et de la façon d'arrêter de faire plaisir à tout le monde autour de vous, sauf à vous-même.

Une personne sympathique

Peut-être faites-vous partie de ces personnes toujours gentilles qui essaient de faire plaisir à tout le monde autour d'elles, qui veillent à ce que les autres se sentent bien. Vous êtes toujours calme, toujours agréable, toujours prêt à aider, toujours à hocher la tête et à sourire, vous ne voulez pas déranger les autres et vous êtes toujours de bonne humeur - du moins, c'est ce qu'il semble à un observateur extérieur. Vous vous voyez comme cette personne noble et bonne, toujours prête à faire quelque chose pour les autres, à les aider et à veiller à leur bien-être. Vous êtes toujours aimable, attentif au moindre changement d'humeur des personnes qui vous entourent afin de pouvoir éventuellement améliorer l'humeur de quelqu'un, vous ne vous plaignez pas, vous faites votre devoir, vous ne vous plaignez pas même lorsque vous avez du mal à vous en sortir et que vous n'aimez pas quelque chose. Vous essayez de ne pas causer d'ennuis, de ne pas créer de conflits, de n'embêter personne avec vous-même, vous vous souciez toujours de la bonne ambiance plus que de vos propres besoins. Et lorsqu'un conflit survient, vous entrez immédiatement en action et tentez de désamorcer la situation. Lorsque quelqu'un de votre entourage est contrarié ou en colère, vous ne vous sentez pas à l'aise et vous essayez de le calmer, d'influencer son humeur et vous êtes alors très gentil avec lui. Pourquoi faites-vous tout cela ? Pourquoi prenez-vous la responsabilité de toute la situation, des émotions des autres et essayez-vous de faire en sorte que tout le monde autour de vous se sente bien ?

Deux stratégies :

Parce que tu veux obtenir quelque chose des gens. Vous voulez de l'amour et de l'acceptation de la part des autres, et c'est naturel, mais la façon dont vous le faites est nuisible pour vous-même et trouve sa source dans votre enfance. L'enfant est, en quelque sorte, l'otage de la situation familiale et parfois la famille dans laquelle il grandit est empreinte de violence ou d'amour conditionnel. Lorsqu'il y a de la violence physique ou psychologique dans la famille, l'enfant essaiera toujours d'être poli et gentil, en espérant que cela atténuera un peu la situation. Il est également très difficile pour un enfant de séparer ce qu'il est de son comportement, donc si l'amour du parent dépend du comportement de l'enfant, en d'autres termes, nous parlons d'amour conditionnel, lorsque le comportement de l'enfant se confond avec l'enfant en tant que personne, l'enfant adaptera son comportement à la situation de manière à obtenir l'amour et l'acceptation grâce à lui. En d'autres termes, l'enfant ne reçoit de l'amour et de l'acceptation que lorsqu'il se comporte d'une certaine manière et fait telle chose et pas telle autre, car il sait que c'est la seule façon d'obtenir ce dont il a besoin. Dans sa petite tête, cela est également lié à son estime de soi et il a donc le sentiment qu'il n'a de valeur que s'il se comporte d'une certaine manière. Il n'y a donc pas de division entre la personne et son comportement, tout est combiné et le reste dans la vie adulte. Ainsi, la méthode pour obtenir l'acceptation et l'amour également dans la vie adulte sera constituée de deux stratégies : soit fuir la colère et les conflits - les atténuer et ne pas les provoquer, soit essayer d'obtenir l'acceptation par un comportement spécifique. Qu'est-ce que cela a à voir avec la tendance à faire plaisir aux autres à vos dépens ? Comment se fait-il que nous ayons tendance à nous comporter comme des enfants à l'âge adulte ?

Les croyances clés

Un certain nombre de croyances clés se forment pendant notre enfance, que nous suivrons inconsciemment plus tard dans la vie. Les croyances clés sont les croyances les plus fortes, les plus primitives, qui contiennent une partie de nos connaissances de base sur nous-mêmes et sur le monde. Ce sont les croyances les plus profondes en nous, les plus difficiles à percevoir, elles sont comme notre seconde peau, elles sont très rigides, stables et résonnent souvent dans notre tête dans les mots de nos personnes les plus proches - parents, grands-parents. Ils sont difficiles non seulement à changer, mais même à identifier. Ces croyances constituent le filtre à travers lequel nous passons les informations et interprétons nos expériences. Ils nous accompagnent dès l'enfance, parfois même toute notre vie. Voici quelques exemples de ces croyances : je ne peux pas être un fardeau, je dois toujours être serviable, je dois me débrouiller seul, je ne peux pas faire la grimace, je ne peux pas causer de problèmes, etc. Si nous entendons tout le temps, depuis l'enfance, que nous devons aider les autres, et que si nous le faisons, nous obtiendrons l'amour et l'acceptation, et que si nous ne le faisons pas, nous ne les obtiendrons pas, nous apprenons que la condition pour obtenir l'amour et l'acceptation est d'aider les autres toujours et dans n'importe quelles conditions. Il se peut que vous ayez encore aujourd'hui une croyance : je dois aider les autres parce que celui qui ne le fait pas est égoïste ou je dois toujours être serviable et prendre soin des autres.

Cela ne semble pas être une croyance nuisible, mais si vous croyez que ce n'est qu'en tout temps et en toutes circonstances que vous aiderez les autres, même à vos propres dépens, parce que ce n'est qu'à ce moment-là que vous êtes une bonne personne digne d'amour et de respect, alors nous avons un problème. En croyant une telle chose, vous sacrifiez vos besoins au profit des autres et refuser de le faire dans une telle situation signifierait que vous êtes une personne égoïste et mauvaise et pourtant vous voulez être bon et vous finissez par aider tout le monde autour de vous même si vous ne le voulez pas vraiment. Pour vous, la condition de l'amour, de l'acceptation et du maintien de votre noble image de bonne personne est d'aider dans toutes les conditions, quel qu'en soit le coût. Vous ne croyez pas que quelqu'un puisse vous aimer et vous accepter si vous refusez de l'aider de temps en temps, car pour vous, votre comportement et vous ne font qu'un. Il y a un programme dans votre tête qui dit que vous avez besoin de l'amour et de l'approbation des autres et que vous l'obtiendrez si vous vous comportez d'une certaine manière, c'est ce que l'expérience vous a appris. Mais vous oubliez une chose importante dans cette situation, vous n'êtes plus un enfant, vous n'êtes plus l'otage de la situation, vous n'avez pas besoin de l'approbation ou de l'acceptation des autres pour survivre et pourtant vous continuez à vivre les croyances d'un enfant, c'est le pouvoir des croyances dans nos vies si nous ne les remettons pas en question. Vous avez maintenant l'impression que vous devez faire passer les besoins des autres avant les vôtres afin de garder une bonne opinion de vous-même et de garder la bonne opinion des autres à votre égard, comme si votre vie en dépendait.

Dépendance externe

La bonne opinion que les autres ont de vous vous permet de conserver une bonne opinion de vous-même. C'est-à-dire que votre système interne fonctionne dans une forte dépendance et relation avec les opinions externes et que les choses externes semblent avoir plus d'importance pour vous que ce que vous pensez vraiment. C'est pourquoi vous êtes toujours à l'affût du moindre signe de désapprobation afin de passer en mode super gentil ou super serviable et de gagner l'attention, l'acceptation, la sympathie de quelqu'un, etc. Lorsque vous réussissez, cela devient une preuve de votre valeur, tout comme dans l'enfance. Vous avez le sentiment que votre bonheur personnel dépend de votre comportement et de celui des autres personnes, dont vous essayez de gagner l'amour et l'acceptation par votre comportement. Il semble que rien ne dépende de vous, sauf les meilleurs efforts, qui sont liés à la peur d'un résultat incertain. Il vous semble que si vous agissiez autrement et mettiez vos besoins en avant, les gens ne l'accepteraient pas et vous auriez vous-même le sentiment que la condition d'être une bonne personne n'a pas été remplie, ce qui signifie que vous êtes mauvais. Quel est vraiment le problème avec ça ?

Votre choix de comportement

Le vrai problème n'est pas que vous êtes une personne gentille. Elle réside dans le fait que vous ne pouvez pas choisir un comportement différent, vous êtes dans une impasse. Vous ne pouvez pas transcender votre conviction et choisir le "non" plutôt que le "oui". Vous vous sentez obligé de choisir la seule bonne voie. Et chaque fois que vous pensez pouvoir faire autrement, vous êtes submergé par la peur de la désapprobation et du retrait des sentiments chaleureux des autres à votre égard. Votre monde est donc très noir et blanc. Soit vous faites quelque chose d'une certaine manière et vous êtes bon, soit vous ne le faites pas et vous êtes mauvais. Il n'y a pas de choix ici, même si en théorie il y a deux options. Parce que la vérité est que vous ne voulez être une bonne personne et que vous croyez l'être que si vous répondez à votre propre définition de la bonne personne, formulée sur la base de croyances fondamentales souvent dépassées depuis longtemps. Le prix à payer pour s'en tenir à cette définition est de se perdre en cours de route. Il y a beaucoup de contraintes dans votre vie et pas assez pour faire ce que vous voulez vraiment et être qui vous êtes vraiment. Au lieu du mot "vouloir", c'est le mot "devoir" qui règne, car en effet, de telles convictions fondamentales n'offrent pas beaucoup de choix. Quelles sont les conséquences d'un tel comportement ?

Les conséquences d'être trop gentil.

- Manque d'authenticité dans les relations. En vous comportant ainsi, vous perdez le contact avec vous-même et le respect de vous-même, vous êtes artificiel. Vous êtes une personne transparente car vous essayez toujours de vous adapter aux autres et à leurs opinions. Vous n'êtes pas très intéressant parce que vous pensez toujours ce que les autres pensent, vous n'avez pas d'opinions originales et même si vous en avez, vous acquiescez toujours aux choses avec lesquelles vous n'êtes pas d'accord. Vous souriez même quand vous n'en avez pas envie, vous faites semblant d'aimer des choses que vous n'aimez pas vraiment juste pour faire plaisir aux autres. Vous ne voulez pas que les gens pensent que vous êtes en désaccord avec eux de quelque manière que ce soit, car ils pourraient vous rejeter pour cela. Vous écoutez toujours attentivement afin de pouvoir répéter l'opinion de votre interlocuteur avec vos propres mots. Vous pensez que vous gagnez quelque chose en faisant cela, mais ce n'est pas le cas. Si vous vous donnez l'amour et l'acceptation, que vous essayez d'obtenir des autres, vous pourrez être vous-même et cela améliorera vos relations avec les gens, vous leur permettrez de vous connaître, et ainsi vous obtiendrez des relations basées sur la vérité, et non construites grâce à un autre masque.

- Une autre conséquence est qu'en étant toujours gentil même lorsque quelque chose vous contrarie, vous stockez de grandes quantités de colère non exprimée. Pour une personne qui plaît aux autres, la colère est une émotion particulièrement lépreuse et elle fera tout pour ne pas l'exprimer. C'est pourquoi elle est souvent réprimée, parce que les gens gentils ne se mettent pas en colère après tout. Réprimer la colère ne la fait pas disparaître, vous la retrouverez dans un corps tendu, dans des plaintes psychosomatiques même si vous pensez ne pas ressentir de colère. Vous pensez ainsi parce que vous avez évité et supprimé ces émotions pendant si longtemps que vous ne les reconnaissez plus, vous les avez effacées de votre vie, mais elles ne peuvent être ignorées éternellement. C'est pourquoi, parfois, ces personnes gentilles et calmes explosent au moment le plus inattendu à cause d'une petite chose, comme si quelque chose de très grave était arrivé. C'est parfois ainsi que se déroulent les meurtres dans un acte passionnel. La personne soi-disant gentille ne peut plus réprimer ses émotions et celles-ci s'extériorisent de manière totalement incontrôlable. Les personnes qui l'entourent ne comprennent pas ce qui s'est passé, après tout, elle était si gentille et c'est là tout le problème, elle a été trop gentille pendant trop longtemps. Habituellement, cela semble moins radical, c'est-à-dire qu'une personne toujours gentille explose dans des situations tout à fait étranges et insignifiantes avec une colère disproportionnée. Il peut devenir furieux juste parce que quelqu'un s'est garé un peu de travers. Il ne s'agit pas d'une explosion ouverte de colère en face à face, car ce serait trop pour la personne concernée, mais d'une situation sûre où la personne ne se sent pas menacée.

- Une autre chose est que vous perdez beaucoup d'énergie

- Par ailleurs, vous gaspillez beaucoup d'énergie à répondre aux attentes des autres tout en ignorant systématiquement vos propres besoins. Vous ignorez vos préférences, vos sentiments, les signaux de votre corps qui vous indiquent clairement que quelque chose ne va pas. Tout ce travail d'ignorance vous coûte beaucoup d'énergie, car il implique une répression constante de vous-même. De cette façon, vous perdez également votre volonté et cela peut affecter d'autres domaines de votre vie. En outre, une grande partie de l'énergie est consommée en étant constamment en état d'alerte, en guettant le moindre signe de désapprobation, vous vivez dans la peur constante d'être rejeté et de ne pas être accepté, et lorsque vous soupçonnez que cela pourrait arriver, vous vous mettez en mode d'être aussi gentil que possible, gaspillant ainsi une autre partie de l'énergie.

- Essayer d'être gentil avec tout le monde entraîne également des problèmes d'affirmation de soi. Même lorsque vous n'avez pas envie de faire quelque chose, vous pouvez vous laisser entraîner dans un OUI automatique contre vos véritables sentiments. Votre bouche dira oui avant que vous ayez le temps de réfléchir à ce que vous voulez vraiment dire. Vous acceptez beaucoup de choses parce que vous ne voulez décevoir personne et vous vous sentez responsable des sentiments des autres, alors que vous ne l'êtes pas vraiment. De la même manière, lorsqu'il y a un conflit dans votre environnement, vous prenez également vos responsabilités et essayez d'apaiser le conflit. Et quand il arrive que vous mettiez quelqu'un en colère parce qu'il dit ce qu'il pense vraiment, vous mettez immédiatement vos oreilles au sol et passez en mode extrêmement gentil pour apaiser ses émotions. Vous pensez que vous pouvez influencer émotionnellement l'autre personne et que si vous réussissez, vous obtiendrez une plus grande acceptation de la part des autres et la confirmation pour vous-même que vous êtes une bonne personne.

- Une autre conséquence est que vous devenez vulnérable au fait d'être exploité par les autres. En appuyant simplement sur le bon bouton, vous commencez à vous comporter de manière habituelle. Les gens le font parce que c'est pratique et bon pour eux, ils ne pensent pas à la façon dont cela vous affecte. Et vous ferez tout pour obtenir de l'attention, une approbation et une acceptation, vous resterez un mois après les heures de travail pour un sourire de votre patron et une tape sur l'épaule, vous ne demanderez pas de prime parce que vous ne voulez pas vous exposer à la colère du patron ou que vous ne voulez pas perdre à ses yeux votre statut d'employé dévoué à l'idée. N'importe quoi pour se sentir désiré et accepté.

Pour vous libérer de ce schéma, vous avez besoin d'un nouveau modèle de comportement, vous devez réveiller votre authenticité. Ce ne sera certainement pas quelque chose de confortable pour vous, mais une fois que vous aurez traversé cette épreuve, vous vous sentirez libre et vos décisions dépendront à 100% de vous. Comment faire ? Quelle est la solution à cette situation ?

Comment arrêter de faire plaisir aux autres ?

La clé pour être plus soi-même dans cette situation et moins se conformer à tout le monde autour de soi est de s'efforcer de choisir parmi un éventail de comportements au lieu d'être piégé dans une seule option à cause de ses propres croyances préétablies. Quelque chose doit changer ici et pour cela, l'idée doit germer dans votre tête que vous n'êtes pas obligé d'être gentil avec tout le monde et que vous avez certains droits qui sont exactement les mêmes que ceux des autres et que les exercer ne signifie pas être une mauvaise personne ou une personne indigne de l'affection de quelqu'un. Être moins gentil n'est pas toujours mauvais, ce qui compte c'est la façon dont vous voulez vous comporter, car être moins gentil que d'habitude dans votre cas ne signifie pas être inculte ou égoïste, cela signifie devenir authentique, vivre selon vos désirs et vos préférences. Je pense que dans ce contexte, il est utile de commencer par remplacer le mot "gentil" par "aimable". Qu'est-ce qui vous vient à l'esprit lorsque quelqu'un vous dit de quelqu'un que cette personne est gentille ? Quel genre de personne voyez-vous ? Ce qui me vient à l'esprit, c'est l'image d'une personne qui acquiesce, qui sourit toujours en s'excusant et dont le sourire dit : "Je ne suis pas dangereux, je ne te ferai pas de mal". Je vois une personne qui accepte tout, qui ne se met jamais en colère ou du moins qui ne l'exprime pas, qui est généralement assez fade et peu intéressante, qui dit toujours ce que les autres veulent entendre et qui n'a pas d'opinion propre. La vérité est que les gens ne prennent pas ces personnes au sérieux.

Quelle est la différence entre une personne gentille et une personne aimable, selon moi ? Quand je parle de quelqu'un qui est gentil, je pense à une personne qui choisit quand elle veut être gentille et quand elle ne veut pas l'être. Elle a simplement le choix et l'utilise à bon escient, sans remords, mais aussi sans éviter d'aider les autres, elle est simplement fermement ancrée en elle-même et prend ces décisions en fonction de ses sentiments intérieurs. Pour passer d'une personne gentille à une personne aimable, vous devez vous créer des occasions de choisir votre comportement. Pour cela, vous devez aller à l'encontre de votre ancien modèle, vous devez être en contact avec vous-même, avec ce que vous voulez vraiment, avec vos propres besoins, et passer de la satisfaction des autres à la satisfaction de vous-même. Vous devez comprendre qu'en disant parfois non à quelque chose, vous ne serez pas une mauvaise personne. Tu n'as pas besoin de sourire tous les jours, toutes les minutes, toutes les secondes et à chaque fois. Vous n'obtiendrez pas ce que vous attendez de cette façon.

En étant toujours trop gentil, vous n'aurez pas de vraies et bonnes relations avec les gens, vous ne serez pas heureux et votre colère croissante affectera votre corps, votre esprit et les personnes qui vous entourent. Pour pouvoir dire non et commencer à vivre sa propre vie, il faut s'écouter, vérifier avec soi-même si l'on veut faire quelque chose ou non, si l'on veut vraiment aider quelqu'un ou non, se donner quelques secondes avant de décider, car la réaction automatique d'une personne gentille sera toujours de lui prêter immédiatement main forte, même si l'affaire n'a absolument rien à voir avec vous. Par exemple, que fera une personne super sympa lorsque quelqu'un du bureau perdra ses clés ? Elle les cherchera encore plus que la personne qui les a perdus, elle fera le tour du bureau, aidera à chercher et interrogera tout le monde à ce sujet. Mais attendez une minute, ce ne sont pas vos clés, si vous voulez arrêter cette folie de plaire à tout le monde à tout prix, vous devez vous abstenir de faire de telles choses. Maintenant, vous pensez peut-être, mais comment cela peut-il être impoli, je dois aider quand je peux, mais c'est exactement le contraire que vous devez faire pour cesser d'être au service des autres. Afin de créer en vous la possibilité d'un comportement alternatif, vous devez agir contre votre première impulsion de vous lancer dans la recherche de ces clés. Ce n'est pas facile, mais restez assis. Le remède pour plaire aux autres sera pour vous, sur le moment, de faire ce que vous pensez maintenant être désagréable et mauvais. Il s'efforcera de développer un mécanisme comportemental qui est 100% opposé à votre comportement actuel. Lorsque je dis cela, vous pouvez ressentir un frisson d'anxiété le long de votre colonne vertébrale, mais rassurez-vous. Vous ne serez pas en mesure de le faire immédiatement et à grande échelle. Il est bon de commencer par de petites choses, mais progressez tout de même à 100 % par rapport à votre première réaction satisfaisante à l'égard de votre entourage. Les petits changements ne vous effraieront pas autant. Cela peut être quelque chose comme : faire lentement le plein à la station-service lorsqu'il y a la queue, dire "non" à vos collègues de travail lorsqu'ils vous encouragent à prendre une bière ensemble, puis dire non à un membre de votre famille, ce qui peut être plus difficile, ou prendre occasionnellement deux places de parking devant un centre commercial. Faites quelque chose qui ne vous effraie pas tant que ça, mais qui représente un défi et qui va à l'encontre de votre comportement habituel. Cela demande du courage, mais c'est ce dont vous avez besoin - pour supporter la pression des autres, pour écouter votre vision de l'événement de la soirée et pour décider de réaliser votre vision de la soirée. Indépendamment de votre appréhension initiale, vous serez de plus en plus en contact avec vous-même de cette manière, vous serez capable de vous donner l'espace nécessaire pour dire "non" et c'est ce que vous devriez dire lorsque vous n'avez pas envie de faire quelque chose, indépendamment de votre appréhension initiale dans la situation. Cela s'améliorera avec le temps, vous vous y habituerez, mais vous devez commencer. Et quand vous commencez, préparez-vous à ce que les gens ne soient pas contents. Ils perdent quelqu'un qui, jusqu'à présent, a toujours été là pour eux, et personne ne vous rendra ce changement facile.

Si vous essayez de vous concentrer davantage sur vos besoins plutôt que sur ceux des autres, il y aura de la résistance et les gens n'aimeront pas cela. En outre, vous ne serez pas vous-même très sûr de ce que vous faites au début. Votre voix ne sera pas très convaincante, votre langage corporel ne sera pas fort, vous n'êtes peut-être pas très confiant dans cette situation et les autres le sentiront et tenteront de vous convaincre avec une force redoublée d'agir comme vous le faites toujours, alors préparez-vous à cela et ne cédez pas.

Vous ne deviendrez pas une mauvaise personne, croyez-moi, c'est impossible, ce serait trop radical pour vous, donc vous ne devez pas vous en inquiéter. Avec le temps, vous parviendrez à trouver l'équilibre entre les attentes extérieures et vos propres préférences et vous commencerez à choisir en fonction de vos désirs authentiques.

Comment développer l'affirmation de soi ?

L'assertivité est l'art de dire non. C'est ce que la plupart d'entre nous pensent, Mais ce n'est pas complétement vrai?

Selon la définition...

"l'affirmation de soi en psychologie signifie la capacité d'exprimer ses pensées, ses sentiments et ses opinions tout en maintenant ses propres limites et en respectant celles des autres". C'est donc plus que cela. L'assertivité consiste à s'occuper de ses propres besoins tout en respectant les besoins des autres. C'est ça en résumé... Mais je vais vous expliquer en détails.

Qu'est-ce que l'affirmation de soi ?

L'affirmation de soi est l'une des compétences les plus importantes dont vous aurez besoin dans votre développement, votre contact avec les autres, votre cheminement vers vos objectifs et vos rêves. C'est-à-dire la capacité de dire oui ou non sur le chemin de ce qui est le plus important pour vous. L'expression assertive de vos besoins, en disant résolument oui ou non, vous donne les meilleures chances de réaliser vos objectifs et vos rêves. L'assertivité est souvent comprise comme la capacité de dire non, mais c'est aussi la capacité de dire oui lorsque vous voulez quelque chose en respectant ce que vous voulez. Dire oui ou non en respectant ce que vous voulez, vos propres limites et vos propres besoins, mais aussi en respectant les limites et les besoins des autres.

Au cœur de l'affirmation de soi, il faut savoir ce que l'on veut, croire que l'on a le droit de choisir et que ses besoins sont tout aussi importants que ceux des autres. L'affirmation de soi s'applique aussi bien aux plans à long terme qu'aux situations plus banales, comme le fait de signaler dans un restaurant que votre soupe est froide et de demander qu'elle soit chaude, de demander le paiement d'un client de manière polie et ferme, ou de parler calmement de vos besoins dans une relation. L'affirmation de soi couvre un très large éventail de comportements et de domaines.

En termes simples, c'est s'accorder le droit de décider consciemment de ce que vous voulez dans votre vie et de ce que vous ne voulez pas ou de ce que vous voulez changer.

Plus que des oui et des non

L'outil de base du choix est un simple oui ou non. Cet outil est souvent sous-estimé en raison de son évidence. Le oui et le non, en dehors de leur signification évidente, ont des conséquences énormes dans nos vies et ont une signification plus profonde. Considérez le oui et le non comme le système le plus simple, le plus important, le plus fondamental et le plus puissant pour gérer notre temps, notre énergie et notre sécurité. C'est ainsi qu'il faut considérer ces deux mots, non pas comme un simple oui ou non lancé au hasard, mais comme un moyen de gérer des ressources limitées - notre temps et notre énergie. Dans lequel « non » crée de l'espace, des limites et nous permet de récupérer l'énergie que nous investissons peut-être inattentivement ou que nous investirions dans des personnes et des choses qui ne nous servent pas. Le « oui » remplit notre espace et gère notre énergie. Comment cela fonctionne-t-il ? Lorsque vous dites non à votre relation dysfonctionnelle, vous récupérez l'espace et l'énergie nécessaires pour créer une nouvelle et meilleure relation. Quand on dit oui et qu'on y reste pour éviter les risques et l'incertitude, selon la philosophie - mieux vaut un moineau dans la main qu'un canari sur le toit - on se prive de cette chance, c'est-à-dire qu'on accepte la médiocrité. C'est pourquoi il est si important d'être conscient de ce qui se cache réellement derrière ces mots, des conséquences potentielles et des chances qui existent.

Pourquoi avez-vous des problèmes d'affirmation de soi ?

Je pense que la raison principale pour laquelle vous avez des problèmes d'affirmation de soi est due aux principes que vous suivez dans la vie, aux croyances que vous avez, à travers le prisme duquel vous voyez le monde, vous-même et les autres, et donc comment vous réalisez vos besoins. Tout le monde a un ensemble de croyances, mais si vous êtes une personne qui ne s'affirme pas, votre ensemble de croyances est spécifiquement adapté. C'est-à-dire que vous vous considérez comme une bonne personne qui ne se dispute pas, ne s'oppose pas, est gentille, ne se met pas en colère, est altruiste, est un bon ami, une personne douce en général, juste une bonne personne. Tout cet ensemble de croyances est le résultat de nos expériences accumulées, du conditionnement, c'est-à-dire de la représentation d'autres personnes et de certains points de vue, qui sont conçus pour faire de nous de telles personnes - gentilles, soumises, etc. Toute l'enfance tourne autour de cela.

En apparence, ces règles ne semblent pas mauvaises, mais elles ont d'énormes conséquences. Si vous vous voyez toujours comme une personne gentille, soumise et douce, alors l'affirmation de soi n'est plus possible pour vous. L'assertivité exige que vous fixiez fermement des limites, que vous refusiez fermement de faire quelque chose lorsque vous ne le voulez pas, mais que ce comportement vous semble incorrect, harcelant, impoli et qu'il viole les règles inviolables selon lesquelles vous vivez. Par conséquent, les personnes qui ne s'affirment pas vivent en conflit permanent entre ce qu'elles veulent et ce qu'elles pensent être juste, selon un ensemble de règles qui correspondent à l'image qu'elles ont d'elles-mêmes. Si nous n'en sommes pas conscients, nous agirons toujours en fonction de cette image en répétant des comportements qui nous sont défavorables.

Comment cela fonctionne-t-il ?

Disons que vous manquez d'assertivité. Et vous avez cette situation la plus simple, la plus ordinaire. Votre ami vous invite au cinéma, mais c'est la dernière chose que vous avez envie de faire. Tout ce que vous voulez, c'est vous détendre, vous allonger, vous envelopper dans une couverture, boire du thé chaud et regarder un film. En même temps, vous êtes convaincu que si je le refuse, je ne serai pas un bon ami, je ne serai pas quelqu'un de gentil et il pourrait me rejeter, mais je veux qu'il m'apprécie, je veux que nous soyons amis. Il serait contre vous de dire non et de risquer d'être rejeté, votre image de vous-même en souffrirait également, car selon vos critères, vous ne seriez plus un bon ami si vous disiez non et ne vous sacrifiiez pas. Parce que c'est ainsi que les bons amis se comportent selon votre modèle d'amitié.

Disons que vous êtes d'accord contre vous-même. Que se passe-t-il ensuite ? Vous êtes en colère, impuissant, faible et aigri par votre propre impuissance, vous avez une fois de plus abandonné vos propres besoins pour ceux des autres. Vous êtes surtout en colère contre vous-même, mais après avoir quitté le cinéma, vous transférez vos émotions sur votre ami et commencez à vous disputer avec lui. Il ne sait pas ce que tu veux dire, il ne sait pas que tu ne voulais pas aller au cinéma, que tu étais fatigué et que tu en avais marre de tout, il ne sait pas que tu l'as fait uniquement pour que dans ton esprit tu puisses encore être considéré comme un bon ami et ne pas risquer de perdre son approbation et son affection.

Refuser pour une personne ayant un tel engagement de convictions serait aller à l'encontre de celles-ci et risquer le rejet. Si je ne pouvais pas me permettre de faire ce sacrifice, je ne suis pas un bon ami et je ferai tout pour conserver mon image de bon ami. Si je refuse et que je me heurte à un refus, il se passera quelque chose de pire encore, cela touchera vos besoins, car je sens que j'ai besoin de cette approbation, de cette affection et cela touchera mes croyances ultérieures selon lesquelles, par exemple, il n'est pas permis de se disputer. Une telle croyance crée la terreur à la seule pensée de la confrontation. Vous en avez peur parce que c'est une menace supplémentaire pour vos convictions que vous êtes toujours gentil, doux, etc. Je pense que vous pouvez déjà voir comment tout cela fonctionne.

Il y a également un désir d'éviter la culpabilité et la peur derrière le fait de ne pas dire non. La culpabilité surgira lorsque vous refuserez, c'est-à-dire lorsque vous agirez contre vos croyances, auxquelles vous croyez, vous croyez qu'elles sont vraies et vous les considérez comme une partie intégrante de vous-même et de votre monde, quel que soit le coût du maintien de ce système et de la croyance en lui. Bien sûr, c'est une illusion, mais pour vous, c'est aussi réel que possible. Au fond, il y a la peur d'être rejeté et que vos besoins ne soient pas satisfaits - le besoin d'une acceptation extérieure, d'un soutien, d'une aide.

Tu penses que tu peux y arriver en acceptant tout et en faisant des sacrifices. Le manque d'affirmation de soi est votre façon de satisfaire les besoins qui découlent de votre système de croyances, malheureusement vous le faites au détriment de vos besoins réels et de votre propre intégrité. Le prix à payer pour cela est énorme. Sentiments d'impuissance, manque de contrôle, tentatives désespérées pour se faire accepter, amitié, et trahison de vos propres besoins et rêves, qui ne seront pas réalisés si vos besoins sont toujours en 10ème position et si vous n'apprenez pas à créer des espaces pour dire non en fonction de vos besoins réels.

Défi et solution.

Je pense que la solution et le plus grand défi dans cette situation est de changer ce à quoi vous vous identifiez. Si vous ne vous affirmez pas, vous vous identifiez à votre monde de règles rigides, dont le maintien vous oblige à vous comporter d'une certaine manière. Mais vous oubliez complètement que vous avez aussi des droits - vous avez le droit de vous protéger en disant non, vous n'avez pas à vous sacrifier sauf si vous le voulez parce que vous avez un enfant en bas âge par exemple, alors c'est compréhensible, mais si vous avez affaire à des adultes, vous pouvez dire non sans vous expliquer, vous avez le droit de voir vos besoins satisfaits en premier, en d'autres termes vous avez le droit à l'égoïsme bien intentionné au lieu de l'altruisme mal intentionné, vous n'avez pas à être gentil avec tout le monde - cela dépend de vous et de la situation. Imaginez une telle croyance - je suis toujours gentil avec tout le monde et que se passe-t-il si quelqu'un vous traite mal et que vous êtes quand même gentil avec lui ? Cette croyance peut en principe être bonne, mais dans certaines situations, il est utile de pouvoir s'en éloigner.

Lorsque vous commencerez à vous identifier à vos droits, vous verrez que ces croyances que vous entretenez lorsque vous prenez des décisions sont souvent contre vous, vous commencerez à les remettre en question et vous vous libérerez lentement. Ce n'est pas facile, mais la stratégie existante ne fonctionne pas si vous ne vous affirmez pas. Il ne vous permet pas d'atteindre vos objectifs ou de satisfaire vos besoins, même si vous pensez le contraire maintenant. Il ne vous donne rien de valeur. Si vous comprenez qu'il en est réellement ainsi, vous en tirerez de nombreux avantages.

Les avantages de l'affirmation de soi

☑ Un choix réaliste qui n'est pas le produit de gains, de pertes, de peur et de culpabilité dus à un conflit interne. La décision d'une personne assertive est l'expression de ce que je veux vraiment, elle soutient son intégrité - ce qu'elle dit, pense et ressent est un. Donc elle se sent bien à ce sujet.

☑ L'affirmation de soi protège contre l'exploitation, elle met nos besoins sur un pied d'égalité avec ceux des autres. Vous n'avez pas à faire de sacrifices pour maintenir l'illusion dans votre tête.

☑ L'affirmation de soi fondée sur la connaissance et la compréhension de soi inspire le respect non seulement des autres. Faire des choix en accord avec soi-même et son propre intérêt renforce également le respect de soi. Vous êtes important.

☑ L'affirmation de soi dans les relations crée la confiance. Il supprime l'artificialité utilisée pour obtenir quelque chose, il la remplace par l'authenticité. En d'autres termes, dans la pratique, vous reconnaissez vos besoins sans faux moyens de les satisfaire et sans attendre de quelqu'un d'autre qu'il les satisfasse.

- ☑ L'assertivité vous aide à construire une colonne vertébrale solide, à fixer des limites et à avancer dans une certaine direction, car vous devrez être en désaccord avec de nombreuses choses pour garder votre direction. Pour que cela soit possible, vous devez apprendre à dire non, quelles que soient les conséquences sur l'image que vous avez de vous-même.
- ☑ L'apprentissage et le développement de l'affirmation de soi passent par la remise en question de ces croyances et ce livre vous apprendra à le faire. La plupart des gens ne remettent pas en question les normes sociales sans parler de leur propre système de croyances et ceci est essentiel dans le parcours de développement car il ne s'agit pas seulement de croyances liées à l'affirmation de soi, il s'agit aussi de remettre en question les croyances qui vous paralysent complètement sur le chemin de vos objectifs ; par exemple : je ne peux pas le faire, je ne suis pas assez bon, je n'apprendrai pas, etc.

Comment développer et renforcer l'affirmation de soi

Je pense que la plupart des gens ont du mal à s'affirmer dans certaines situations et avec certaines personnes. Demandez-vous où, quand et à qui vous pensez ne pas pouvoir dire non - il peut s'agir de votre mère, de votre père, de votre enfant, de votre femme, de votre mari, de votre patron. Cela peut s'appliquer à de nombreux domaines différents. Par exemple, certaines personnes trouvent qu'il est plus facile de se comporter de manière assertive à la maison qu'au travail, et parfois l'inverse - identifiez ce domaine. Voyez la croyance derrière votre manque d'assertivité dans ce domaine. A quoi ressemble cette croyance fondamentale ? Vous êtes d'accord avec quelque chose parce que quoi ? Tu as peur de dire non parce que quoi ? Parce que tu dois toujours être disponible, parce que tu dois toujours être gentil et serviable ? Demandez-vous si vous devez vraiment le faire, s'il n'y a pas d'exceptions, car si vous vous penchez sur la question, vous constaterez qu'il y en a. Ce seul fait va ébranler cette croyance. Réalisez comment cette croyance affecte votre comportement ?

Identifiez ce que vous voulez dans cette situation en fonction de trois catégories :

1. Ce que vous ne voulez pas accepter dans ce domaine - pourquoi vous voulez clairement dire NON
2. Que voulez-vous accepter dans ce domaine - pourquoi pouvez-vous dire OUI ?
3. Et pourquoi vous voulez dire oui, mais sous certaines conditions. Écrivez ce que sont ces conditions.

En outre, créez votre charte générale des droits qui renforcera votre affirmation de soi, il peut y avoir des éléments tels que :

- J'ai le droit de dire non lorsque mes limites physiques et psychologiques sont violées.
- J'ai le droit de dire ce que je pense, que cela plaise ou non à quelqu'un.
- J'ai le droit de dire non sans me justifier.
- J'ai le droit de décider de mes propres objectifs, de mes priorités et de les mettre en avant.
- Mes besoins sont aussi importants que ceux des autres et je peux choisir comment les satisfaire, etc.

De cette façon, vous disposez d'un guide sur la manière d'agir dans ce domaine particulier, vous êtes soutenu par une liste de droits et vous pouvez voir la croyance qui vous empêche de vous affirmer sortir de ce schéma automatique inconscient afin qu'elle puisse être remise en question. Pour développer l'assertivité, vous devez, indépendamment de la peur et de l'inconfort, remettre en question les croyances et suivre une liste de ce que vous voulez, de ce que vous ne voulez pas et de ce que vous pourriez accepter, et vous appuyer sur un ensemble de droits incontestables.

Gérer la non-affirmation de soi ?

Apprendre à s'affirmer, c'est très bien, mais comment gérer le comportement non affirmé des autres ?

Toute interaction est au moins bidirectionnelle, et apprendre à gérer de manière assertive le comportement non assertif des autres est une compétence importante. La tentation est de répondre de manière agressive ou passive au comportement passif ou agressif des autres. Cela peut être particulièrement le cas s'ils vous mettent en colère.

Apprendre comment gérer efficacement et avec assurance les comportements passifs et agressifs.

Faire face à un comportement passif

Les gens se comportent souvent de manière passive en raison d'un manque d'estime de soi ou de confiance en soi. En vous comportant de manière assertive, vous devez faire comprendre que les contributions de l'autre personne sont appréciées, et donc améliorer sa confiance et son estime de soi.

N'oubliez pas qu'il est possible d'apprécier la contribution d'une personne sans nécessairement l'approuver.

En plus de s'affirmer nous-mêmes, l'affirmation de soi doit également être encouragée chez les autres afin qu'ils puissent communiquer librement leurs idées et leurs émotions sans se sentir obligés de dire certaines choses.

L'affirmation de soi chez les autres peut être encouragée en utilisant des compétences interpersonnelles bien rodées telles que l'écoute, le questionnement, la réflexion et la clarification.

Voici quelques façons de montrer que vous appréciez la contribution de l'autre personne :

- Encouragez sa contribution en lui posant des questions ouvertes, en lui demandant son avis et en l'invitant à participer à la discussion dans des situations de groupe.
- Écoutez attentivement ce que quelqu'un a à dire avant de poursuivre la conversation. Si nécessaire, utilisez des techniques de questionnement pour clarifier son opinion avant de répondre avec la vôtre.

- Montrez que vous êtes intéressé par ce que quelqu'un a à dire en utilisant des techniques appropriées de questionnement, de réflexion, de clarification et de résumé.
- Montrez que vous appréciez la contribution de l'autre personne en utilisant des moyens de communication verbaux et non verbaux appropriés, tels que le hochement de tête, le sourire, un bon contact visuel et un langage encourageant.
- Encouragez les gens à exprimer plus ouvertement leurs sentiments, leurs souhaits et leurs idées.
- Ne vous permettez pas de prendre la responsabilité de décisions qui devraient être prises en commun. Aidez plutôt les autres à apporter leur contribution à la discussion.

Plus une personne est capable de contribuer et de sentir que sa contribution est appréciée, plus elle se sentira valorisée en tant qu'individu. L'expérience d'un retour positif contribuera à accroître la confiance en soi de la personne. L'ensemble de la chaîne d'événements devrait permettre à la personne concernée de surmonter toute réaction passive et de se comporter de manière plus affirmée.

Astuce !

Si vous savez qu'une personne a tendance à se comporter passivement dans un groupe de discussion ou de décision, prenez le temps de discuter de son point de vue avec elle. Si vous savez ce qu'elle ressent, vous pouvez l'aider à exprimer ses opinions dans le groupe.

Gérer le comportement agressif

Il est particulièrement difficile de gérer le comportement agressif des autres lorsqu'il s'accompagne d'attitudes négatives.

Pour éviter de réagir de manière défensive ou agressive, il faut faire preuve de maîtrise de soi. Il convient de noter que le comportement agressif fait ici référence à des messages verbaux et non verbaux et non à une quelconque forme de violence physique.

Les stratégies clés qui peuvent aider à faire face à un comportement agressif :

- Garder la maîtrise de soi. Bien que la colère puisse parfois être une force positive, répondre de la même manière ne contribuera guère à décourager l'agressivité. Si nécessaire, soyez prêt à prendre le temps de réfléchir aux problèmes avant d'entamer la discussion. Il peut être utile de dire quelque chose comme "j'ai besoin de temps pour y réfléchir" ou "Pouvons-nous en parler demain quand nous aurons plus de temps ?

- N'oubliez pas que les autres ont droit à leurs émotions, y compris la colère. Reconnaissez leur colère, par exemple en disant "Je vois que cela t'a vraiment bouleversé et que tu es très en colère".
- Faites une pause, ou comptez jusqu'à dix, avant de répondre à une explosion de colère, afin d'éviter de répondre de manière automatique, défensive ou agressive.
- Évitez les arguments et la défensive et essayez de garder votre calme.
- Essayez de trouver des points d'accord avec l'autre personne, plutôt que de vous concentrer sur les désaccords.
- Trouvez et montrez des moyens de partager les décisions et les solutions, par exemple "Comment pouvons-nous trouver une solution à ce problème ?".

- Essayez de faire preuve d'empathie envers l'autre personne ; comment vous sentez-vous lorsque vous êtes en colère contre les autres ?

Il est souvent difficile pour une personne au comportement agressif de se calmer et de voir les choses d'un point de vue plus large, car la colère peut être l'expression d'une frustration personnelle.

L'utilisation de ces techniques devrait vous aider à vous exprimer de manière assertive plutôt qu'agressive. Cela devrait aider à désamorcer la situation et aboutir à une communication plus positive et efficace.

Assertivité : Techniques et exercices

S'affirmer peut nous aider à nous sentir mieux dans notre peau, à améliorer notre estime de soi et notre confiance en nous. Parfois, la façon dont nous réagissons et répondons aux autres peut nous faire sentir inadéquats, coupables ou regrettables. Il peut s'agir de signes de comportement passif. Nous pouvons également nous sentir en colère et critiquer les autres pendant les conversations - ce qui peut être un signe de comportement plus agressif. Ce chapitre détaille quelques façons de réduire la communication passive et agressive et de la remplacer par une communication assertive, ce qui conduira à des interactions interpersonnelles plus positives. En pratiquant ces techniques d'affirmation de soi, il est important de se rappeler ce qu'est l'affirmation de soi et son importance dans le processus de communication.

S'affirmer n'est pas synonyme d'agressivité ; au contraire, s'affirmer signifie défendre ses convictions. L'assertivité consiste à exprimer vos pensées, vos émotions, vos croyances et vos opinions de manière honnête et appropriée. Si l'affirmation de soi doit être encouragée chez les autres, il est également important de se rappeler que nous devons toujours respecter les pensées, les sentiments, les opinions et les croyances des autres. Elle permet aux individus de faire valoir leurs droits personnels sans porter atteinte aux droits des autres. L'affirmation de soi est considérée comme une réponse équilibrée, ni passive ni agressive, la confiance en soi jouant un rôle important. Une personne qui s'affirme répond d'égal à égal aux autres et cherche à exprimer ouvertement ses souhaits, ses pensées et ses sentiments.

Techniques générales d'affirmation de soi

Deux techniques clés qui peuvent aider à l'affirmation de soi sont connues sous le nom de "brouillard" et la technique du "disque bloqué ou rayé".

La technique du brouillard : Le brouillage est une technique utile si les gens se comportent de manière manipulatrice ou agressive. La technique du brouillard est une technique très utile. Elle est aussi appelée technique de l'écran de brouillard. Vous pouvez l'utiliser chaque fois que votre interlocuteur cherche à vous entraîner vers une discussion que vous voulez éviter. Quelqu'un cherche à vous attaquer par des critiques non constructives ? Utilisez la technique du brouillard. Quelqu'un fait une remarque pour vous provoquer ? Utilisez la technique du brouillard. Plutôt que de répliquer, la technique du brouillard vise à donner une réponse minimale et calme en utilisant des termes apaisants mais non défensifs, tout en n'acceptant pas de répondre aux demandes.

Cette technique consiste à accepter toute vérité contenue dans les déclarations, même si elle est critique. En ne répondant pas de la manière attendue, c'est-à-dire en étant sur la défensive ou en argumentant, l'autre personne cessera la confrontation car l'effet désiré n'est pas atteint. Lorsque l'atmosphère sera moins enflammée, il sera possible de discuter des problèmes de manière plus raisonnable. Pour ne pas tomber dans ce piège, vous pouvez utiliser la technique du brouillard. L'idée, c'est de se comporter exactement comme le brouillard : quand quelqu'un traverse le brouillard, celui-ci ne lui offre aucune résistance. Le brouillard esquive l'individu, il est insaisissable. La technique du brouillard consiste à faire de même. Ainsi, si on vous fait une remarque ou une critique, pensez à utiliser cette technique. Pour cela, votre réplique doit laisser paraître que vous êtes d'accord avec la critique… mais sans pour autant abandonner votre propre point de vue. Le brouillard est ainsi appelé parce que l'individu agit comme un "mur de brouillard" dans lequel les arguments sont lancés, mais ne reviennent pas.

Exemple de situation

Lui : "Quelle heure est-il ? Tu as presque une demi-heure de retard, j'en ai marre que tu me laisses tomber tout le temps."

Réponse du brouilleur :

Moi : "Oui, je suis plus en retard que je ne l'espérais et je vois que cela vous a ennuyé."

Lui "Agacé ? Bien sûr que ça m'ennuie, ça fait des lustres que j'attends. Vous devriez vraiment essayer de penser un peu plus aux autres."

Réponse embrouillée :

Oui : "Oui, j'étais inquiet que vous attendiez pendant presque une demi-heure."

"Eh bien... Pourquoi étiez-vous en retard ?"

La technique du disque rayé :

Cette technique utilise la compétence clé de l'affirmation de soi qu'est la "persistance calme".

La technique du disque rayé est toute simple et réellement efficace lorsque l'on a du mal à s'affirmer en général ou face à une personne en particulier. C'est une méthode simple et facile à appliquer, qui consiste simplement à répéter ses désirs, jusqu'à ce que l'on soit écouté. Cette technique a été mise au point par le psychologue américain Zev Wanderer, qui explique combien il faut être constant et clair pour se faire entendre. Attention, il ne s'agit pas ici de jouer à l'enfant et de répéter des heures durant les mêmes mots, mais bien de faire valoir votre propre opinion dans les conversations. Car votre opinion et vos envies sont aussi valables que celles des autres, et que vous ne devez jamais en douter. C'est une technique qui vous évitera d'être manipulé, et même de repérer les techniques de manipulation (parfois inconscientes) des autres. Il s'agit de répéter votre position, votre besoin, jusqu'à ce que votre interlocuteur se rende compte que vous ne changerez vraiment pas d'avis. Pour que cette méthode fonctionne, il vous suffit de ne pas être obtus et borné, mais de faire passer votre message de manière courtoise et respectueuse. Vous ne vous en ferez que mieux entendre.

Elle consiste à répéter ce que vous voulez, encore et encore, sans hausser le ton de votre voix, sans vous mettre en colère, sans vous irriter ou sans vous impliquer dans des questions secondaires.

Exemple de situation :
Imaginez que vous renvoyez un article défectueux à un magasin. La conversation peut se dérouler comme suit.

- **Moi :** "j'ai acheté ces chaussures la semaine dernière et les talons sont tombés. Je voudrais être remboursée, s'il vous plaît."
- **Lui :** "On dirait qu'elles ont été beaucoup portées et ces chaussures n'ont été conçues que pour un usage occasionnel".

Réponse de la technique disque rayé :
- **Moi** "Je ne les ai que depuis une semaine et elles sont défectueuses. Je voudrais être remboursé, s'il vous plaît."

- **Lui :** "Vous ne pouvez pas attendre de moi que je vous rembourse votre argent après que vous les ayez usées."

Réponse de la technique disque rayé :
Moi : "Les talons sont tombés après seulement une semaine et je voudrais un remboursement s'il vous plaît."

... Et ainsi de suite.

Le fait de répéter continuellement une demande permet d'éviter que la discussion ne dévie et ne s'engage dans des arguments non pertinents. La clé est de rester calme, d'être très clair dans ce que vous voulez, de ne pas vous écarter du sujet et de ne pas abandonner.

N'acceptez un compromis que si vous êtes satisfait du résultat.

Technique de l'interrogation positive et négative.

Questionnement positif :

L'interrogation positive est une technique simple pour répondre aux commentaires positifs, tels que les éloges et les compliments.

Les gens ont souvent du mal à répondre aux éloges et aux compliments, surtout ceux qui ont une faible estime d'eux-mêmes, car ils peuvent se sentir inadéquats ou penser que les commentaires positifs ne sont pas justifiés. Il est important de donner un retour positif aux autres lorsque cela est approprié, mais aussi de réagir de manière appropriée aux retours positifs que vous recevez.

La demande des explications positifs est utilisée pour obtenir plus de détails sur le compliment ou l'éloge donné, et y souscrire :

Exemple de situation :

- **Expéditeur :** "Tu as fait un excellent repas ce soir, c'était délicieux !"
- **Récepteur :** "Merci. Oui, c'était bon. Qu'est-ce qui t'a plu en particulier ?"

Cette réponse est différente d'une réponse passive qui aurait pu être :

- "Ce n'était pas un effort" ou "c'était juste une recette standard".

Questionnement négatif :

L'opposé de la demande positive est la demande négative. La demande négative est une façon de répondre à des échanges plus négatifs, comme la réception de critiques. Il peut être difficile de faire face aux critiques, mais n'oubliez pas que toute critique reçue n'est que l'opinion de l'autre et ce n'est pas la vérité absolue. Le questionnement négatif est utilisé pour en savoir plus sur les commentaires critiques et constitue une bonne alternative aux réponses plus agressives ou colériques aux critiques.

Exemple de situation

- **Expéditeur** : "Ce repas était pratiquement immangeable, je ne me souviens pas de la dernière fois où j'ai mangé quelque chose d'aussi affreux".
- **Récepteur :** "Ce n'était pas le meilleur, qu'est-ce que tu n'as pas aimé au juste ?"

C'est différent d'une réponse agressive qui aurait pu être :

- "Comment oses-tu, j'ai passé tout l'après-midi à préparer ce repas" ou "c'est la dernière fois que je cuisine pour toi".

Apprenez à réfléchir à vos réponses et à la façon dont vous vous comportez lorsque vous communiquez avec les autres. En utilisant des techniques conçues pour vous rendre plus sûr de vous, vous constaterez que votre communication et vos autres interactions interpersonnelles sont généralement plus positives.

L'affirmation de soi dans des situations spécifiques :

Il existe trois situations particulières dans lesquelles un comportement assertif est nécessaire, mais peut être particulièrement difficile à utiliser. Il s'agit des situations où vous devez faire face à des demandes, surtout déraisonnables, ou à des critiques, et où vous devez donner ou recevoir un compliment.
Toutes ces situations peuvent vous mettre mal à l'aise, souvent parce que vous êtes confronté à une situation où vos souhaits et ceux des autres peuvent s'exclure mutuellement. Cependant, c'est précisément à ce moment-là que l'affirmation de soi est la plus importante.

Faire face aux demandes exigeantes :

Faire face à des demandes inacceptables peut être une expérience décourageante et avoir le courage de s'affirmer dans de telles circonstances n'est pas facile pour certaines personnes. Il faut toujours reconnaître que chacun a le droit de ne pas satisfaire une demande.

Lorsque vous êtes confronté à une demande, vous devez prendre en compte les éléments suivants :

- La plupart des gens sont fortement influencés par des stéréotypes, par exemple ceux du manager efficace ou de la mère désintéressée.
- De telles généralisations peuvent parfois imposer des exigences, des attentes et des charges déraisonnables à ceux qui occupent des rôles particuliers. Chacun a le droit de ne pas accepter les exigences associées à ces rôles.
- Lorsqu'on rejette une demande, il est important d'expliquer que c'est la demande qui est rejetée et non la personne.

Les gens pensent souvent que les autres ont droit à leur temps et à leurs efforts. Vous avez le droit de dire "non" sans avoir à vous justifier. Après avoir rejeté une demande, il est important de s'en tenir à cette décision. Si vous cédez sous la pression, les autres apprendront que vous êtes influençable, alors soyez ferme. Vous avez bien sûr le droit de changer d'avis si les circonstances changent.

Lorsqu'ils formulent des demandes, les gens ont souvent recours à des réponses passives ou manipulatrices et peuvent également supposer qu'ils dépendent des efforts des autres. En dehors de certaines exceptions, par exemple les enfants à charge, chacun est responsable de lui-même et il ne faut pas compter indûment sur les autres.

N'oubliez pas que vous avez aussi des droits ! L'affirmation de soi consiste à exercer ces droits de manière calme, non agressive, mais ferme, notamment en refusant les demandes que vous jugez déraisonnables ou que vous ne pouvez pas satisfaire. En même temps, vous devez aussi reconnaître le droit des autres à vous demander quelque chose et à recevoir une réponse polie.

Faire face aux critiques :

Lorsque vous recevez des critiques :

- Prenez le temps de décider s'il s'agit d'une véritable critique ou s'il y a une autre raison à cela, par exemple, que quelqu'un est en colère ou frustré, et que vous êtes simplement là devant lui.
- Reconnaissez la critique en la répétant ou en la reflétant. Vous pouvez répondre "Vous avez donc l'impression que je...". Comme pour tout commentaire, il est important de remercier la personne qui le donne.
- Reconnaissez les éléments véridiques de la critique, même s'ils sont difficiles à entendre.

Si la critique comporte un élément de vérité, essayez d'éviter la réaction courante qui consiste à riposter par une contre-critique. Les critiques comportant un soupçon de vérité ont tendance à blesser, mais elles peuvent être formulées dans l'espoir qu'elles seront utilisées de manière constructive.

Après tout, tout le monde n'est pas apte à donner du feedback

Critiquer les autres :

Dans la mesure du possible, évitez de critiquer les autres. Essayez plutôt d'y penser comme à "donner un feedback constructif, bien que négatif, pour changer leur comportement". Cela vous aidera à rester calme et à donner votre avis plus efficacement.

Les critiques, ou les commentaires négatifs, peuvent être tempérés ou sembler moins brutaux lorsqu'ils sont accompagnés d'un soutien à l'autre personne. Il est essentiel que vous vous assuriez qu'il s'agit d'une critique de l'action plutôt que de la personne. Commencez par un commentaire de soutien tel que "j'apprécie tout le travail que vous avez fourni sur ce sujet, mais nous avons un problème avec...".

Toute phrase qui commence par "Vous êtes" est offensante et doit être évitée à tout prix, sauf si elle se termine par un compliment. Concentrez-vous sur le comportement, et non sur les qualités personnelles de l'autre personne. Gardez toute critique spécifique et évitez les généralités, par exemple "Il était tard quand tu as récupéré les enfants aujourd'hui" plutôt que "Tu es toujours en retard". Les déclarations généralisées peuvent ne pas refléter la réalité d'une situation et ont tendance à laisser entendre que la personne est en faute alors que le problème peut avoir été causé par d'autres difficultés ou des circonstances imprévues.

Il est préférable d'éviter d'accuser quelqu'un d'autre d'être à l'origine de vos émotions, par exemple "Tu me mets tellement en colère quand...". Il est préférable de vous concentrer sur vous-même en tant que centre de vos propres émotions et, comme alternative à la déclaration ci-dessus, vous pourriez dire "Je me sens très en colère quand tu...".

Donner et recevoir des compliments :

Certaines personnes trouvent difficile ou embarrassant de donner et de recevoir des compliments, et peuvent ressentir le besoin de les ignorer ou de les retourner. Faire des compliments est une façon positive d'apporter son soutien, de montrer son approbation et d'augmenter la confiance en soi de l'autre personne. Apprendre à les donner et à les accepter avec élégance est une compétence de vie importante. Si un compliment est rejeté, la personne qui le fait peut se sentir gênée ou dévalorisée et être moins encline à faire un compliment à l'avenir. Par conséquent, lorsque vous recevez un compliment, remerciez la personne qui le fait et acceptez-le, que vous soyez d'accord ou non. Voici quelques phrases utiles : "Merci, c'est très gentil de votre part de dire ça" ou "Merci, c'était un plaisir, mais c'est toujours agréable d'entendre que vous appréciez".

Lorsque vous faites un compliment :

- Assurez-vous qu'il est sincère. Le manque de sincérité est facilement détecté et sapera vos efforts pour renforcer l'estime de soi de la personne.
- N'oubliez pas que le renforcement positif est plus efficace que le renforcement négatif. On se souviendra des compliments beaucoup plus facilement et joyeusement que des critiques.
- Si un compliment n'est pas approprié, trouvez un moyen de dire merci ou de faire des éloges à la place.

Rappelez-vous que l'affirmation de soi est toujours plus appropriée qu'un comportement passif ou agressif, même si c'est difficile. Essayez de traiter les autres comme vous aimeriez être traité, avec respect et politesse. Cela vous aidera à répondre de manière assertive aux autres, même dans les situations difficiles.

Assertivité / Agressivité / Soumission

L'assertivité est, dans les termes les plus simples, une certaine capacité à communiquer. Il s'agit de trouver un équilibre entre une attitude agressive et soumise. De quoi s'agit-il ?

Dans les relations personnelles et professionnelles, nous pouvons choisir entre trois options :

#1 Comportement agressif :

Cela signifie ne s'occuper que de son propre bien-être, de ses intérêts, de ses tâches. Par conséquent, vous ne tenez pas compte de l'opinion ou des besoins de l'autre personne. Vous tirez de l'énergie du fait d'être égoïste. Vous prenez ce que vous voulez. Cela peut souvent se terminer par des cris, une humiliation de l'autre personne ou un chantage émotionnel. Ce comportement est souvent confondu avec l'affirmation de soi.

Les comportements agressifs comprennent :

- Donner des ordres au lieu de demander,
- Ignorer l'autre personne et ce qu'elle veut dire,
- Ne pas prendre en compte les sentiments de l'autre personne.

Exemple des phrases agressive :

- Ne montrez pas votre visage et ne venez pas me poser de questions avant d'avoir terminé la première version de cette présentation.
- Si vous me dites à nouveau que vous n'avez pas pu le terminer à temps parce que vous avez des problèmes personnels, alors je vous conseille de trouver une autre excuse.

#2 Comportement soumis ou passive:

Ceci, en revanche, est le pôle opposé. Encore loin de l'affirmation de soi. Une telle personne, un tel employé ne se soucie pas de lui-même et de ses besoins. Il a peur de se battre pour eux. Il accepte même s'il ne veut pas effectuer une action donnée. Une telle personne se retire des discussions, accepte la volonté de la majorité sans essayer de négocier. Il veut éviter les conflits à tout prix car il ne pourrait pas y faire face.

EXEMPLE :

Pensez-vous avoir le temps de m'aider à préparer la documentation pour cet appel d'offres aujourd'hui ?

Réponse typique de "soumis" :

- Oui. J'ai aussi promis d'aider Michael. Asia veut que j'explique les procédures à cette nouvelle offre. J'avais d'autres choses à faire, mais je vais vous aider. C'est certainement important.

Une réponse affirmative, d'un autre côté, serait :

- Désolé. Je ne peux pas aujourd'hui. J'ai promis d'aider d'autres personnes et j'ai aussi des choses importantes à terminer pour moi. Peut-être demain ?

#3 Comportement agressif-soumis :

C'est une combinaison des deux précédentes. Par manque d'affirmation de soi, cette personne trouve sa propre façon d'exprimer ses besoins et ses émotions, mais en même temps, elle ne veut pas assumer la responsabilité des conséquences.

Le sarcasme : on se moque d'une autre personne, on veut la "punir" mais en même temps on évite toute responsabilité car il ne s'agissait que d'une "blague innocente". Le sarcasme n'est pas l'affirmation de soi.

Les commérages et Médisance : sont aussi une forme de communication passive-agressive où l'on remet en question l'autorité de quelqu'un. Cependant, nous essayons d'éviter les conséquences d'une confrontation directe. Nous acceptons un travail supplémentaire de la part de notre patron, mais nous n'avons pas vraiment le temps de le faire. Plus tard, nous réfléchissons en tripotant, en bavardant avec nos coéquipiers. Cela n'a rien à voir non plus avec l'affirmation de soi.

Abaisser délibérément la norme : nous acceptons de faire une tâche, mais nous la faisons délibérément mal pour qu'on ne nous demande pas de refaire la même chose.

#4 Comportement assertif

C'est l'attitude la plus souhaitable. Vous prenez soin de vous-même en prenant soin des autres. Vous obtenez un consensus. C'est un gagnant-gagnant. Lorsque vous vous affirmez, vous êtes confiant et vous vous appuyez sur cette énergie pour faire passer votre message avec fermeté, équité et empathie.

EXEMPLES :

Patron : j'ai besoin d'aide pour préparer un résumé de trois fournisseurs qui ont préparé des offres pour un nouveau système RH.

- **Soumission :** Hmm... Oui, bien sûr, je vais aider. J'ai quelques trucs, mais c'est important que ce soit fini.
- **Assertivité :** j'ai 4 autres choses à finir. Si nous nous asseyons et que vous me dites laquelle est la moins prioritaire pour vous, je devrais trouver le temps.

- **Agressivité :** Je n'ai pas le temps ! J'ai trop de choses en tête ! Désolé, mais demandez à quelqu'un d'autre !

Pourquoi ne sommes-nous pas assertifs ?

Maintenant que nous savons que l'affirmation de soi est la meilleure option, pourquoi est-ce si difficile pour nous ?

Il y a des centaines de raisons. Je n'en mentionnerai que quelques-unes :

- Être agressif nous donne un sentiment de puissance, cela construit l'autorité. Nous pensons que c'est ainsi que nous construisons notre position dans l'entreprise. L'assertivité est également confondue avec la soumission, et qui veut être une mauviette ?
- Nous préférons être soumis. Ainsi, nous ne risquons pas d'être considérés comme des paresseux. Nous ne risquons pas de manquer des promotions et des augmentations de salaire. Après tout, ils dépendent du patron, n'est-ce pas ?
- Adopter une attitude passive-agressive signifie que nous pouvons laisser libre cours à nos émotions. Par

exemple, nous pouvons bavarder librement. C'est très confortable.

Malheureusement, ces attitudes sont bonnes pour le court terme. Au bout d'un certain temps, ils entraîneront toujours des problèmes dans l'équipe, au travail, dans la vie privée. Tu ne veux pas ça.

Les personnes soumises deviennent perpétuellement insatisfaites d'elles-mêmes. Avec le temps, les personnes agressives deviennent des parias au sein du groupe. Ils sont isolés, rejetés et donc souvent solitaires (même si certains aiment ça). Une attitude assertive est l'approche la plus saine.

Vous pouvez trouver un petit test d'affirmation de soi gratuit sur Psychology Today et verywellmind. N'oubliez pas qu'il ne s'agit pas d'un test psychologique professionnel. Il s'agit plutôt d'un exercice amusant, mais vous pouvez vérifier de manière très générale dans quelle mesure vous êtes une personne assertive.

Exemple d'une conversation :

Le modèle d'une conversation dans laquelle vous communiquez votre point de vue de manière assertive peut comporter quatre étapes.

À titre d'exemple, imaginez une situation où un employé assertif veut dire à son patron de changer son attitude à son égard.

#1 Décrire le problème :

Au début, vous décrivez le problème, l'événement.

> Philippe. C'est la troisième fois que vous me parlez à voix haute, devant toute l'équipe, d'une erreur dans le rapport de production de la semaine dernière.

#2 Sentiments et émotions :

Parlez avec assurance de vos sentiments, de vos émotions.

> Cela m'irrite et j'ai l'impression que vous me traitez comme un enfant. Cela sape mon autorité aux yeux de l'équipe. Je sais que j'ai fait une erreur, mais la forme et le lieu de cette conversation sont-ils acceptables à votre avis ?

#3 Besoins :

Dans cette étape, parlez de ce que vous attendez, de la façon dont vous aimeriez être traité.

J'aimerais être traité avec respect. Ne vous méprenez pas. N'hésitez pas à me parler de mes erreurs, j'essaierai de ne pas les refaire. Je ne veux pas que tu me réprimandes en public.

#4. Conséquences, avantages

Décrivez les avantages que vous et l'autre personne obtiendrez si ces attentes sont satisfaites.

Si nous introduisons cette façon de donner du feedback, je ne perdrai pas confiance. Je sentirai que je peux être honnête avec vous. Je ne perdrai pas non plus mon autorité aux yeux de mon équipe et il sera plus facile d'avoir des conversations similaires avec mon équipe. Ils seront alors également plus ouverts et plus honnêtes. Cela nous aidera tous.

Résumons les messages d'assertivité en 4 étapes :

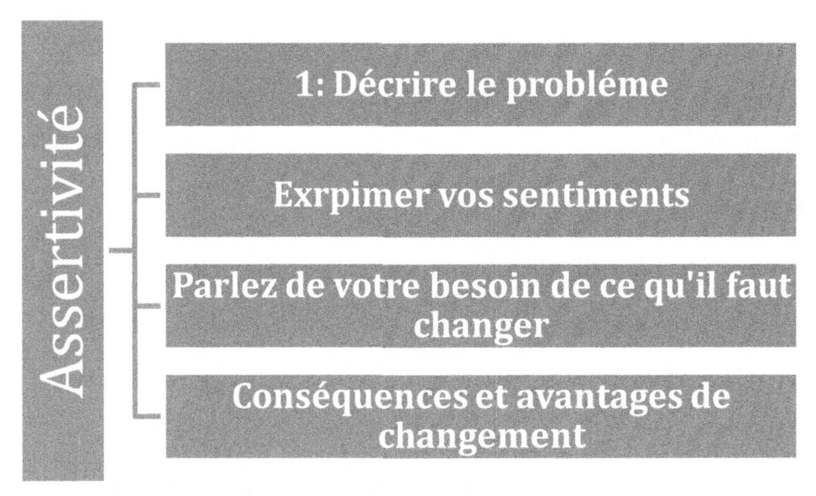

Comment renforcer l'affirmation de soi autrement ?

#1 Valorisez-vous :

Mettez-vous d'accord avec vous-même sur vos objectifs à long terme. Que voulez-vous accomplir? De quoi avez-vous besoin pour faire votre meilleur travail? Qu'est-ce qui vous donne satisfaction ? Qu'est-ce qui vous empêche de faire votre travail ? Vous donne satisfaction ? Qu'est-ce qui vous empêche de faire votre travail ?

EXEMPLE :
J'aime quand un projet est bien planifié. Je sais alors que j'en ai le contrôle et je ne suis pas stressée. Pour chaque projet, il me faut au moins deux semaines pour la phase de planification.

#2 Parlez de vos besoins :

Si vous êtes sûr que ce que vous demandez est nécessaire et bien pensé, alors vous ne devez pas avoir peur d'en parler.

EXEMPLE :
Un employé demande un congé pour la troisième fois d'affilée un jour avant. En théorie, vous pouvez accepter, mais précisez qu'à l'avenir, vous demanderez un préavis d'au moins une semaine, car l'ensemble de l'équipe percevra cela comme du favoritisme envers une personne et des difficultés à maintenir les objectifs quotidiens. C'est la dernière fois qu'une telle demande est acceptée.

#3 Soyez prêt à faire face à la résistance :

Vous ne pouvez pas contrôler le comportement et la réaction de quelqu'un à votre message d'assertivité. Tu n'as pas besoin d'être l'ami du tout le monde. Mais vous pouvez contrôler votre réaction et vos émotions. Même si la situation devient tendue, restez toujours posé, confiant, calme.

#4. Empathie

N'oubliez pas dans tout cela de faire preuve d'empathie. Pratiquez l'affirmation de soi. Demandez ce que les autres pensent d'un sujet. Laissez-le exprimer ses émotions et ses sentiments, puis donnez une raison à votre demande. Vous pouvez également offrir quelque chose en retour et aboutir à un accord gagnant-gagnant.

EXEMPLE :

Je sais qu'il doit être très difficile d'accomplir des tâches pour une personne en L4. Si j'étais vous, je n'aimerais pas non plus et je serais furieux, mais nous poursuivons tous le même objectif. Je suis sûr que Valérie sera de retour lundi. Nous ne pouvons pas perdre ce fournisseur à cause de retards de paiement. Essayons de traverser cette période plus difficile.

#5 Pratiquer l'affirmation de soi dans des situations de tous les jours

Commencez à pratiquer une attitude assertive. Faites-le au travail, mais aussi dans les situations quotidiennes à la maison. C'est le seul moyen de renforcer votre confiance.

#5.1 Faire respecter les contrats, les accords :

Par exemple : La prochaine fois que le coursier se présente à une heure différente de celle prévue, appelez la hotline et exprimez votre mécontentement.

#5.2 Arrêtez de vous excuser constamment :

Si quelque chose n'est pas de votre faute, ne vous excusez pas. Ne prenez pas toujours la responsabilité des autres.

Par exemple, ne vous excusez pas de déranger un collègue en lui posant une question sur un sujet dont vous n'êtes pas sûr. C'est un exemple de soumission, pas d'affirmation de soi.

#5.3 Veiller au confort des autres, mais pas à n'importe quel prix :

Penser aux autres est une attitude assertive. Mais pas toujours, pas à n'importe quel prix.

Exemple de phrase à dire : Oui, je sais que vous n'êtes pas à l'aise pour sortir aujourd'hui, mais rappelez-vous combien de fois nous avons reporté ça?

Ayez raison, mais ne changez pas d'avis.

#5.4 Dire "non" plus souvent :

Vous ne devez pas toujours rendre service à quelqu'un parce que, par exemple, vous êtes meilleur dans un domaine.

Par exemple : Je ne peux pas vous aider. Je sais que je travaille ici depuis plus longtemps, mais il faut aussi apprendre à comptabiliser les déplacements professionnels, et maintenant je dois terminer un rapport urgent avant l'audit.

#5.5 Prendre des décisions simples :

Lorsque vous sortez déjeuner avec vos collègues de travail, une fois de plus, vous êtes le premier à choisir le lieu. Dis que c'est là que tu veux manger aujourd'hui. Il suffit de pratiquer la confiance dans de petites situations quotidiennes. Vous vous affirmerez.

Assertivité - techniques spécifiques

En plus des principes généraux mentionnés ci-dessus, vous pouvez utiliser quelques astuces pour développer une attitude plus assertive ;)

1 Affirmatif au lieu de présomptif.

- **Au lieu de dire :** Je voudrais..., Je pourrais..., Pourriez-vous... ? Est-ce que je pourrais... ?
- **Utilisez des phrases :** Je veux..., je peux..., tu peux... ? Est-ce que ce serait bien si... ?
-

EXEMPLE :

J'ai besoin d'un financement pour cette formation car j'en ai besoin pour mieux faire mon travail. Peut-être que je ferai enfin moins d'erreurs et que mes présentations seront plus professionnelles.

J'ai besoin d'un jour de congé parce que je veux emmener ma femme à un concert.

Bien sûr, vous pouvez utiliser le simple souhait..., mais à condition que votre langage corporel, votre forme d'expression témoignent de votre confiance et de votre assurance.

2 : Demandez toujours du temps pour réfléchir:

Quand quelqu'un vous demande une faveur, acceptez, mais... Demandez du temps. Sauf, bien sûr, si vous avez très peu.

EXEMPLE :

Bien sûr, je vous aiderai, mais je vous contacterai dans une heure au plus tôt car je dois terminer une analyse importante pour ma collègue

P.S. Plus d'une fois, vous remarquerez qu'après une heure, le problème se résout de lui-même et que votre aide n'est plus nécessaire :)

3 Utilisez la première personne :

Commencez à parler à la première personne au lieu de "faire participer les autres".

EXEMPLE :

Ne dites pas : moi et tous les autres en sommes arrivés à la conclusion que....

Plutôt : je pense qu'il serait préférable de remettre cela à demain.

4 Donner des alternatives :

Ma fille de quatre ans n'aura certainement aucun mal à s'affirmer. Elle sait ce qu'elle veut. Eh bien, à moins que l'école ne tue cette affirmation de soi en elle. Elle aime râler à propos de l'assiette qu'elle va manger ou de la tasse dans laquelle elle va boire. Au lieu d'argumenter, je lui montre immédiatement trois couleurs de tasses et lui demande de choisir celle dans laquelle elle veut boire. Je ne lui demande même pas si elle veut boire. Je lui donne le choix. Je n'impose rien. Cela fonctionne 99% du temps.

Faites de même avec votre employé et votre patron. Laissez-les décider, au lieu d'ordonner catégoriquement ou de refuser catégoriquement quelque chose.

EXEMPLE :

Le patron demande à Sandra le jeudi, d'établir d'urgence un plan de vente pour toute l'année. En général. Il sait qu'elle est méticuleuse et qu'elle fera de son mieux. Malheureusement, Sandra a 3 autres priorités pour vendredi. Elle essaie de répondre de manière assertive.

- **Sandra**, j'ai besoin de ton aide de toute urgence. Il s'agit d'un plan de vente.

- Pas de problème, mais si cela doit être fait d'ici demain, demandez à Marie de m'aider et convenez également que vous ne recevrez le plan de mise en œuvre complet de la nouvelle version du système d'entreposage que mardi.

- A moins que vous ne puissiez attendre et alors je m'occuperai moi-même de toute la tâche mardi et vous aurez le plan sur votre bureau le jour suivant.

#5 j'ai une règle qui...

Dans le livre "How to say no without feeling guilty" en français « Comment dire non sans culpabiliser, » les auteurs décrivent une technique de refus qui utilise cette phrase ***: j'ai une règle qui veut que... Jamais/jamais....***

EXEMPLE :

Désolé, mais j'ai pour règle de ne jamais ramener de travail à la maison le week-end. Je peux m'en occuper lundi.
J'ai pour règle de ne pas combiner mon travail et ma vie privée. Je ne peux pas aller boire une bière avec toi.

Les personnes assertives n'aiment pas enfreindre les règles. Personne ne le fait. Elles ne briseront pas non plus le vôtre.

#6 La méthode d'arrachage :

Cette technique d'affirmation de soi fonctionne le mieux lorsque, par exemple, votre commande n'est pas conforme à la description ou que le service ne correspond pas à ce que vous aviez convenu. Dans cette situation, vous répétez calmement ce que vous voulez plusieurs fois. Vous pouvez modifier légèrement la formation de la phrase pour éviter de ressembler à un robot.

Un exemple tiré de mon expérience.

J'ai commandé une porte pour une pièce qui est arrivée 2 semaines plus tard que promis dans le magasin. L'équipe de finition était prévue pour une date précise et j'ai eu beaucoup de mal à la retenir pendant ce délai. La conversation dans le magasin ressemblait plus ou moins à ça.

- Désolé, il y a eu un retard.
- Je comprends, mais je pense toujours que j'ai droit à une réduction.
- Malheureusement, nous ne pouvons pas vous accorder de remise.
- Je respecte ce que vous dites, mais je me sens lésé, alors une remise de 20 % fera l'affaire. En raison de ce retard, j'ai dû chercher une nouvelle équipe de rénovation.
- Le retard n'était pas la faute du magasin.
- Je le comprends, mais c'est votre vendeur qui m'a donné l'assurance que la porte serait à l'heure. Les 150 Euro ne devraient pas être un problème pour vous et je n'hésiterai pas à recommander le magasin à des amis....- Vous comprenez ce que je vous dis !

- Je comprends, mais s'il vous plaît, comprenez-moi aussi. Je suis votre client et vous n'avez pas entièrement respecté notre contrat. Je demande un rabais et l'affaire est réglée.
- La conversation a duré un peu plus longtemps. J'ai fait preuve d'assurance. J'ai fini par recevoir un bon de 100 Euro à dépenser dans le magasin.

Assertivité - Résumé

L'affirmation de soi, ou plutôt le manque d'affirmation de soi, est un problème courant. Certaines personnes sont peut-être nées avec, mais celles qui n'ont pas eu le gène de la chance peuvent facilement l'apprendre. Je suis convaincu.

Une attitude assertive est essentielle dans la vie professionnelle. C'est le seul moyen de garantir le respect, de renforcer la confiance en soi, de maintenir l'équilibre entre vie professionnelle et vie privée, d'avoir des amis et d'atteindre les objectifs de l'organisation en même temps.

Une étude menée sur un groupe d'infirmières a montré un lien direct entre l'affirmation de soi et une haute estime de soi. Ces infirmières étaient également en mesure de mieux s'occuper du patient.

Les personnes assertives sont promues plus rapidement car elles communiquent plus facilement avec les autres. Ils sont moins stressés et plus détendus. Ils négocient mieux pour choisir les meilleures solutions. Les avantages sont infinis. C'est pourquoi il est important d'agir.

Entraînement quotidien à l'affirmation de soi - exercices simples

Rappelez-vous : vous avez le droit de parler de vos sentiments, vous ne faites pas de mal à l'autre personne, vous lui faites simplement savoir ce qui vous préoccupe en ce moment. Vous êtes authentique.

L'Objectif de ces exercices : devenir une personne qui exprime sans crainte son opinion, prend des décisions et planifie. L'assertivité doit être pratiquée tous les jours, et dans différentes situations.

Exercice 1 : Comment exprimer une opinion différente ?

Sans culpabilité ni peur de blesser quelqu'un. Avec assurance, mais sans paraître supérieur. Vous pouvez dire, par exemple :

- ✓ Je respecte votre point de vue, mais je le vois différemment.
- ✓ J'ai un avis différent sur la question.
- ✓ Je ne suis pas d'accord.
- ✓ Mon avis est le suivant :...

✓ A mon avis...

Exercice 2 : Comment refuser ...?

Avec fermeté, brièvement, avec assurance, sans trop en dire. Vous pouvez dire par exemple :

- Je suis désolé, mais je ne peux pas le faire, j'ai trop de responsabilités.
- Malheureusement, je ne peux pas vous aider, j'ai beaucoup de choses en tête.
- Je ne peux pas vous aider avec ça.
- Je ne peux pas te prêter de l'argent, j'ai beaucoup de dépenses ce mois-ci.
- Malheureusement, je n'ai pas le temps de le faire.

Exercice 3 : Comment donnez-vous une critique constructive ?

Que vous soyez la personne critiquée ou que vous critiquiez, faites attention à ce que la critique porte sur le caractère ou le comportement d'une personne. Dans la communication assertive, il est préférable de faire référence à un comportement spécifique, sans juger la personne, et de ne pas généraliser.

- Au lieu de : "vous êtes une personne irresponsable", dites : "vous vous comportez de manière irresponsable".
- Au lieu de : "On ne peut jamais compter sur vous", dites : "dans cette affaire, je ne pouvais pas compter sur vous".
- Au lieu de : "tu n'es pas gentil", dis : "vous avez dit que vous le feriez, mais vous ne l'avez pas fait".

L'affirmation de soi, c'est bien plus que de dire "non".

Exercice 4 : Comment communiquer un mécontentement ?

Parfois, sous l'emprise d'émotions fortes, nous offensons l'autre personne et lui en faisons porter la responsabilité. Nous oublions de communiquer ce qui est le plus important, à savoir ce que nous ressentons dans une situation donnée. Parler de vos sentiments est un moyen sûr de résoudre tout malentendu. Vous n'attaquez pas verbalement l'autre personne, mais vous lui faites part de vos sentiments.

Vous pouvez dire, par exemple : "Je ressens... (par exemple, de la colère, de la tristesse) lorsque vous... (par exemple, vous me parlez sur un ton élevé, vous êtes une fois de plus en retard à une réunion) et s'il vous plaît... (par exemple, parlez-moi plus calmement, soyez à l'heure la prochaine fois).

Note : Ne dites pas cela dans une position de supériorité. Dans la communication assertive, n'oubliez jamais de vous respecter vous-même, mais aussi de respecter l'autre personne.

Exercice 5 : que dire si quelqu'un dit avoir été blessé par vos paroles ?

Nous ne pouvons pas assumer la responsabilité des sentiments de l'autre personne, mais nous pouvons exprimer notre inquiétude. Vous pouvez dire par exemple :

- Je suis désolé, mon intention n'était pas de vous blesser, mais d'exprimer ce que je ressens vraiment.
- Je suis désolé que tu te sentes comme ça, je ne voulais pas te blesser.

Exercice 6 : comment contrôler sa voix ?

La voix d'une femme assertive n'est pas grinçante, mais basse, centrée. Apprenez la respiration ventrale. À chaque inspiration, votre ventre augmente de volume et à l'expiration, il diminue. Vous pouvez aussi entonner un long discours : "oooo" en même temps que l'expiration et entraînez-vous à baisser votre voix autant que possible pour vous.

Exercice 7 : Comment adopter une posture assertive ?

Des études ont montré qu'une bonne posture peut augmenter la quantité de testostérone dans votre sang, ce qui se traduit par une confiance et un courage accrus. Tout ce que vous devez faire, c'est garder le dos droit, la poitrine ouverte et les mains posées sur les hanches. Pratiquez-la maintenant, de préférence devant un miroir. Il s'agit d'une posture de confiance qui vous aidera à vous sentir plus sûr de vous avant une réunion importante.

Si vos épaules sont tendues, votre dos voûté et votre poitrine enfoncée, votre corps envoie un message à votre interlocuteur : "Je suis soumis", "Je ne sais pas dire non", "j'ai besoin de soutien", "Je ne crois pas en moi", "Je suis facilement frustré", "Je traverse une période stressante dans ma vie en ce moment". Lors d'une réunion importante, n'ayez pas les mains sur les hanches, car cela peut être perçu comme une confrontation. Juste avant d'entrer en réunion, prenez une profonde inspiration par le nez et une longue expiration par la bouche, en sentant vos épaules tomber librement. Répétez cette opération deux fois.

Exercice 8 : Comment puis-je maîtriser mes émotions ?

Si vous avez du mal à contenir vos accès d'émotion au cours d'une conversation, vous avez au moins deux options constructives : arrêter la discussion, demander qu'elle soit reportée jusqu'à ce que la tension retombe un peu, ou parler directement de vos sentiments. Rappelez-vous : vous avez le droit de parler de vos sentiments, vous ne faites pas de mal à l'autre personne, vous lui faites simplement savoir ce qui vous préoccupe en ce moment. Vous êtes authentique.

Apprenons enfin à dire "non"

Nous avons tous dans la tête des directives qui nous ont été données depuis l'enfance. Une partie de nous s'en souvient encore et a peur de s'en écarter. L'autre partie rassemble des expériences qui en sapent le sens. Et que faire à ce sujet ?
Comme il est difficile pour nous de dire "non" ! Il semblerait que nous connaissions nos droits, mais qu'en fin de compte, nous ne sachions pas comment les exercer. Même dans les affaires les plus simples.
J'ai récemment dirigé un atelier sur l'établissement de limites. Et il s'est avéré comme d'habitude. Nous ne pouvons pas dire non. Nous traitons la demande de quelqu'un, même absurde, comme un ordre : " Exécutez ! Bien sûr, on essaie de l'éviter parfois, on cherche des arguments qui vont nous permettre de dire : " je ne peux pas ". À cette fin, nous sommes prêts à recourir au mensonge. Cela nous est plus facile que de faire référence à notre propre réticence. Comme si ce n'était pas un argument même pour nous-mêmes.
Pendant l'atelier, nous avons fait un tour : une personne demande quelque chose au voisin de droite, elle refuse selon la procédure écrite au tableau, puis demande quelque chose à son voisin de droite, et ainsi de suite. C'était censé être un tour

court, juste pour pratiquer le schéma de refus. Quatorze personnes, tant il y avait de participants, auraient pu faire cet exercice en quinze minutes... Mais il a fallu deux heures au groupe ! Les situations étaient inventées, personne n'avait demandé de lui sauver la vie, il ne s'agissait que de petites choses. Il semblerait qu'il n'y ait rien de plus facile que de répondre : "Non, je ne le ferai pas parce que...". Et prendre soin de la relation si nous nous en soucions.

- Comment puis-je dire ça ? Après tout, cette personne sera désolée - proteste Joanna.
- Et tu veux aller au magasin avec elle ? - Je demande, car ma voisine a demandé à Joanna d'aller faire les cours avec elle.
- Bien sûr que non ! Je déteste aller dans les magasins !
- Eh bien, dis-lui que tu n'iras pas - je suggère.

Joanna se tourne vers son voisin.

- Je ne peux pas t'accompagner parce que j'ai beaucoup de travail à faire, je dois nettoyer l'appartement aujourd'hui parce que ma belle-mère vient samedi et elle va regarder partout...
- Ta belle-mère va vraiment venir ?
- Non.

- Tu peux donc aller au magasin avec ton ami.
- Mais je ne veux pas !
- C'est vrai. Alors essayez encore.

Joanna se tourne à nouveau vers son voisin.

- Je ne peux pas t'accompagner parce que j'ai beaucoup de travail.
- Vous avez vraiment beaucoup de travail ? - Je demande.
- Eh bien, non.
- Pour que tu puisses aller faire du shopping avec ton ami ?
- Mais je ne veux pas !
- Ensuite, dis-lui que tu ne l'accompagneras pas parce que tu n'aimes pas faire du shopping.

Et ainsi de suite. Même si le "non" était entendu, il était immédiatement suivi du "je ne peux pas". "Non, je ne le ferai pas" était une phrase trop difficile. C'était comme si les filles avaient peur de révéler que leur refus était fondé sur leur décision.

Pourquoi devrions-nous être conscients de nos droits si nous ne savons pas comment les utiliser ? Si presque tous les refus nous font sentir coupables ? Est-ce contre notre conscience ?

Pas du tout.

- La personne que vous refusez d'aider est-elle blessée à cause de cela ? Pensez-vous que vous devriez le faire pour eux ?
- Non - ont répondu les participantes.

- Le refus est-il en accord avec votre conscience ?
- Oui - a dit une autre personne.

Alors d'où vient la culpabilité ? Comme si notre conscience était censée s'occuper de faire plaisir aux autres et non de faire respecter nos propres normes ! Comme si notre conscience n'était pas du tout la nôtre, ou seulement à moitié. Ou peut-être y a-t-il deux personnes en chacun de nous ? Une qui sait qu'elle a le droit de décider pour elle-même et qu'elle a droit à quelque chose de la vie, et une autre qui veut faire plaisir aux autres à ses dépens. Lorsque l'un d'eux s'exprime, l'autre se sent mal à l'aise et souffre.

" Je n'arrêtais pas de penser que Je ne donne pas assez de moi-même. Si je donne plus, peut-être que je mériterai enfin l'amour ?". Ses mots correspondent à beaucoup d'entre nous. Ils décrivent notre syndrome d'essayer de mériter. Si ce n'est pas pour l'amour, au moins pour les louanges. Pour n'importe quoi. L'important est de rendre les autres heureux avec nous. Nous n'avons pas à être satisfaits.

Écrire le scénario de sa vie en partant de zéro, sans suivre les directives du grand producteur de merde qu'est la société, demande du travail, de la vigilance et de la présence dans sa vie. Plus de télécommande automatique, ici il faut diriger manuellement". Nous avons tous dans la tête des directives qui nous ont été données depuis l'enfance. Une partie de nous s'en souvient encore et a peur de s'en écarter - l'autre partie collectionne les expériences qui en sapent le sens. Et qu'en faire ? Voir ce qui nous appartient et ce avec quoi nous ne sommes pas d'accord. Et faire des choix éclairés. Il y a des croyances qui restent bloquées en nous jusqu'à ce que nous les rejetions consciemment. Il n'y a pas de "bien de la famille" à réaliser au détriment de la femme. Mettons-nous ça dans la tête une fois pour toutes." Ou notre approche de l'amour. "Idéaliser l'amour est l'une des erreurs les plus dangereuses de la vie".
Je me rappelle d'une amie à moi qui m'avoue que malgré ses nombreuses réussites - combiner avec succès sa carrière et la garde des enfants - elle se sentait cauchemardesque parce que les choses ne marchaient pas en amour. Je le sais bien ! Je connais de nombreuses femmes qui mènent des vies très

intéressantes, ont de nombreuses réalisations, et se sentent incomplètes parce qu'elles n'ont pas de partenaire ! D'où cela vient-il ?

Et bien le diagnostic est simple : "Dès leur plus jeune âge, on apprend aux filles que l'amour est la chose la plus importante. Mais leurs réalisations personnelles, leurs succès, leur capacité à gérer les questions matérielles sont négligés". Dans les contes de fées, il n'est pas question que les femmes soient heureuses sans prince. Mais sommes-nous vraiment censés vivre et nous juger en fonction des contes de fées ? Quoi d'autre ? Ça vaut la peine de commencer enfin à dire "non".

Quand vaut-il la peine de dire non aux autres ?

L'affirmation de soi est bien plus que la capacité à dire le mot "non". "Dire 'non' avec la gorge serrée ne convaincra personne. Nous accusons nos supérieurs d'être responsables de notre épuisement et de notre manque de temps. Mais nous sommes d'accord sur tout nous-mêmes, et nous inventons même de nouvelles responsabilités. Pourquoi faut-il dire non au travail en temps de crise

Refuser est difficile. Nous accusons nos supérieurs d'être responsables de notre épuisement et de notre manque de temps. Mais nous-mêmes acceptons tout, et nous nous inventons même de nouvelles responsabilités. Pourquoi exactement en période de crise il est nécessaire de dire non.

"*Tu feras de ton mieux*",
"c'est en toi que je peux avoir confiance",
"nous devons faire de notre mieux pour ne pas être dépassés par la concurrence",

Chacun d'entre nous a entendu des paroles similaires de la part de son patron et a accepté une mission supplémentaire. Car même si nous savons que c'est un mauvais tour, il est difficile de dire non quand la crise menace : attention, chômage !
Eh bien, c'est tout. Jusqu'à présent, nous avons parlé de choses dont nous sommes nous-mêmes responsables. La façon dont nous respirons, ce que nous imaginons, ce à quoi nous pensons, dépend de nous. Si nous ne sommes pas ancrés en nous-mêmes ou si nous ne savons pas comment nous détendre et nous relaxer, nous pouvons apprendre à le faire. Notre efficacité et notre résilience augmenteront alors, même dans les situations difficiles. Avec le refus, c'est différent. C'est une question de relations avec les autres.

Parce qu'au travail, tout ne dépend pas de la façon dont nous respirons et de ce à quoi nous pensons.
Exactement. Nous pouvons bien entretenir le véhicule qui nous sert de corps et être un conducteur efficace, mais si nous ne sommes pas conscients des limites de notre charge, nous dépasserons les normes de sécurité. Par conséquent, nous devons apprendre à ne pas en prendre trop. C'est-à-dire dire non aux autres et non à soi-même. Se détacher de soi, car nos patrons n'ont généralement pas l'intention de nous surcharger de travail. C'est souvent nous - de notre propre gré - qui en prenons trop et qui ne pouvons pas faire face. Mais nous parlerons de la raison pour laquelle nous faisons cela la prochaine fois. Aujourd'hui, nous allons parler de la difficulté de refuser. C'est important. Parce que si nous habituons les autres au fait que nous ne refusons pas, ils en profiteront sûrement et nous transmettront avec joie toutes les choses qu'ils ne veulent pas affronter.
Refuser est difficile lorsqu'il s'agit d'une personne dont l'opinion nous importe et dont on ne sait pas comment elle va réagir.
Nous entrons ici dans le domaine des relations interpersonnelles. Quand nous ne refusons pas parce que nous pensons être les seuls à pouvoir faire mieux, c'est notre choix. Même si elle n'est pas entièrement réalisée. Mais lorsque nous

sentons que nous ne sommes pas en mesure d'accepter une autre mission, parce que nous n'avons plus la force ou le temps, et que la pensée surgit : "Bon sang, que se passera-t-il si je refuse ? Que va penser mon patron de moi ? Ai-je seulement le droit de refuser ? Ne sera-t-il pas impoli, décevant ou peut-être disqualifiant pour moi ?". C'est en dépit de ces craintes que vous devez dire : "Je suis désolé, mais je ne peux plus le faire - il y a d'autres choses importantes dans ma vie pour lesquelles je dois avoir du temps et de la force".

Je n'ai eu le courage de le faire qu'après avoir vu mon médecin. Souvent, ce n'est que lorsque nous sommes malades que nous avons une justification suffisante. Cela nous décharge de la responsabilité de dire "non". Mais nous devons être capables de dire non à temps. Lorsqu'il y a trop de craintes et d'angoisses à l'idée de dire non, l'apprentissage de formules ne sert à rien. Parce que nous aurons de toute façon peur de les utiliser, même s'il s'agit de phrases construites de manière à ne pas offenser qui que ce soit. L'affirmation de soi est bien plus que la capacité à dire le mot "non". Si nous respirons mal, si nous n'avons pas le sentiment d'être soutenus par nous-mêmes, si nous passons trop de temps dans un monde de fantasmes dévalorisants, nous ne serons pas en mesure de nous affirmer véritablement. Un "non" dit avec la gorge serrée ne convaincra personne. Il faut le dire avec le diaphragme. Nous devons développer au préalable de nombreuses compétences personnelles différentes afin d'être en mesure de dire non de manière efficace et sans heurter le sens de la dignité de quiconque.

Cependant, on nous apprend que dire non aux aînés, aux parents, c'est mal. C'est probablement la raison pour laquelle nous pensons que c'est mal de refuser les supérieurs aussi. C'est pourquoi nous avons besoin d'une compréhension plus approfondie de l'affirmation de soi. Selon la définition suivante : "Un comportement assertif dans une situation de conflit renforce le sentiment de dignité des deux parties". Cela vaut la peine d'y réfléchir, car de nombreuses personnes ont du mal à dire "non", parce qu'elles trouvent cela humiliant et difficile pour l'autre personne. En fait, ce n'est pas le cas. Refuser, ce n'est pas enlever, ce n'est pas humilier, ce n'est pas rejeter. Nous refusons ce que nous n'avons pas encore donné ou même promis. Lorsque quelqu'un nous demande quelque chose, cela signifie qu'il est prêt à le refuser. Sinon, ils n'auraient pas demandé, ils auraient juste pris. Si quelqu'un nous demande quelque chose qu'il ne devrait pas demander, ou quelque chose que nous ne voulons pas donner, refuser permet aux deux personnes de se sentir dignes.

Fixer des limites au travail et au quotidien.

Fixer des limites au travail et dans la vie quotidienne - une compétence qui vaut son pesant d'or.
Par nos décisions, nos paroles et nos gestes, nous créons pour les autres un manuel sur la manière de comment se comporter avec nous. Et ensuite, lorsqu'ils entrent en contact avec nous, ils prennent ces instructions et agissent en conséquence, ce que signifie fixer des limites.

Une amie a été engagé comme directeur. Mais lorsqu'elle est arrivée au travail le premier jour, son patron lui a dit qu'elle devait écrire "manager" dans le pied de page de son courrier électronique. Elle n'était pas d'accord. Elle s'est battue pour le titre du poste, a défendu son point de vue, mais le patron était dégoûté et a dit que c'était un détail sans importance. A-t-elle réagi de manière excessive ou a-t-elle décidé à juste titre de défendre ses propres limites ?

Je dirais qu'elle a pris soin de ses limites. Nous parlons d'une femme ambitieuse, qui a probablement dû travailler dur pour arriver là où elle est maintenant, et qui est donc en droit d'attendre d'être traitée comme elle le mérite. N'oublions pas non plus qu'un certain contrat a été signé et que c'est le patron qui a essayé de le rompre. Je pense que si cette femme s'était laissée aller, cela aurait pu être considéré comme un signal qu'on pouvait lui manquer de respect.

Pensez-vous que cela valait la peine de s'énerver et d'avoir des relations tendues avec son patron ? Comment apprendre à fixer des limites efficaces au travail ?

C'est vrai - beaucoup de gens laissent tomber pour avoir l'esprit tranquille. La question est de savoir si, à terme, cette tranquillité d'esprit conduira à la guerre. Bien que cette femme semble avoir encouru certains coûts en restant sur ses positions, nous ne savons pas si, si elle ne l'avait pas fait, ces coûts n'auraient pas été plus importants dans six mois. Ne s'avère-t-il pas qu'elle a un problème plus grave parce que, par exemple, son patron ne tient pas compte de son opinion. Je comprends que lorsqu'on commence un nouveau travail, on s'efforce de bien faire, on ne veut pas entrer dans un conflit, mais cela ne vaut pas la peine d'abandonner précipitamment le terrain. Demandons-nous : "De quelle décision vais-je me remercier dans quelques mois ?" n'oublions pas que lorsque nous entrons dans une relation, qu'elle soit professionnelle ou privée, nous nous comportons un peu comme des chiens - nous reniflons, nous vérifions si l'autre personne sent la force ou la faiblesse, nous marquons notre territoire.

Vous me surprenez un peu.

Et vous ? Prenez ensuite votre téléphone portable et regardez dans votre liste de contacts. Je suis sûr que vous pouvez facilement déterminer ce que vous pouvez vous permettre de faire avec chaque personne. Qui vous pouvez reporter ou annuler à la dernière minute et qui ne sera pas offensé si vous ne tenez pas votre promesse. Avec qui, pour dire les choses crûment, vous pouvez entretenir une relation à peu de frais.

Mais savoir qu'une collègue ne sera pas offensée si j'annule une réunion avec elle ne signifie pas nécessairement que je ne la respecte pas - il s'agit simplement de fixer des limites raisonnables ! Bien sûr ! Tout dépend de la nature de la relation et de l'existence d'un équilibre. Êtes-vous tous deux compréhensifs l'un envers l'autre et tenez-vous généralement parole. Ou bien l'un d'entre vous est toujours en retard, a des oublis et a besoin d'aide. N'est-il pas vrai que non seulement vous, mais aussi tous vos amis sont en retard pour un rendez-

vous avec cet ami ? N'est-elle pas celle sur qui tout le monde au travail se décharge de ses responsabilités ?
Oui, il y a des femmes qui ne savent pas fixer des limites et qui se plaignent ensuite que tout le monde profite d'elles.
Et tant qu'ils pensent ainsi, rien ne risque de changer dans leur vie. En disant : "Les gens ne me respectent pas me manquent de respect", ils agissent comme s'ils étaient complètement hors de contrôle, ils présentent une sorte d'incapacité. En attendant, ils sont largement responsables de la façon dont les autres les traitent.

Ces femmes disent souvent : "Je suis juste trop bonne".
Raison de plus pour s'étonner qu'ils soient coincés dans cette situation. Comment sont-ils censés la changer si la soumission est une preuve de bonté à leurs yeux ? Sont-ils censés commencer à faire quelque chose qui les rend, dans leur propre esprit, mauvais ? Il existe de nombreux mythes de ce type qui nous empêchent de prendre soin de nous-mêmes, tels que l'homme sage cède toujours la place, la colère est mauvaise pour la beauté ou un homme bon aide tout le monde quand on le lui demande. En revanche, être le seul à donner, aider, comprendre et pardonner, à faire passer les besoins des autres avant les siens, est la preuve d'un manque de respect de soi. Cela détruit également la relation.

Pourquoi ? Après tout, nous renonçons à défendre nos propres limites pour les maintenir.
Si vous continuez à vous investir dans une relation et que l'autre personne ne le fait pas, même si vous ne le dites pas, vous éprouvez du regret, peut-être de la colère, vous vous sentez blessé. Au final, vous commencerez probablement à vous éloigner de cette personne qui est ingrate à vos yeux. Sans dire un mot ou lui donner une chance de clarifier les choses. Par conséquent, prendre soin de soi dans une relation, c'est en même temps prendre soin de cette relation.
Je peux aussi supporter la méchanceté ou la négligence de quelqu'un pendant si longtemps que je finis par exploser. Pas nécessairement pour une bonne raison.
Oui, et cet accès de colère peut être totalement inapproprié à la situation, et il constituera un choc pour l'autre partie. Car si un comportement a été accepté pendant longtemps auparavant, pourquoi commence-t-il soudainement à le changer ? Parfois même, un tel emportement peut être la raison pour laquelle une relation prend fin, Il arrive même qu'une telle explosion soit la raison de la fin d'une relation, car il s'avère qu'au début de la relation, chaque personne était convaincue qu'elle sortait avec autre chose. C'est pourquoi il est préférable de parler ouvertement dès le début de ce qui vous importe. Si

la ponctualité, par exemple, est très importante pour une personne, elle doit apprendre aux personnes qu'elle rencontre que pour elle, un quart d'heure académique n'existe pas. Certaines personnes respecteront cela, d'autres non - et alors peut-être que la connaissance ne se développera pas.

Et d'autres encore diront : "Vous exagérez, vous vous accrochez à des broutilles".
Il s'agirait d'une manipulation et d'une dévalorisation de l'autre personne. Si nous voulons avoir une relation avec une personne qui ne supporte pas les appels téléphoniques après 21 heures, nous l'appellerons plus tôt, au lieu de la convaincre que 21 heures, c'est tôt.

Pourquoi avons-nous parfois tant de mal à apprendre à fixer des limites au travail et en dehors du travail ?
La raison en est souvent une mauvaise estime de soi. Nous vivons dans la croyance que, tels que nous sommes, avec nos valeurs et notre personnalité, nous ne méritons pas que les autres veuillent être avec nous. Alors on essaie de faire quelque chose de plus, pour mériter d'être aimé.

Et n'est-il pas vrai que les personnes les plus appréciées sont celles pour qui ce n'est pas un problème que quelqu'un soit en retard ou oublie quelque chose ?
Je ne sais pas s'ils sont appréciés, car cela dépend de nombreux facteurs. Ils sont certainement pratiques. Je ne crois pas non plus qu'ils soient complètement et toujours les mêmes, que cela leur convienne à chaque fois. Je pense que souvent, ils ne protestent pas parce qu'ils pensent qu'ils n'ont pas d'autre choix. Ils se laissent maltraiter, en espérant que quelqu'un les appréciera. Et le contraire se produira, ce qui diminuera encore plus leur faible estime de soi. Un cercle vicieux est créé. Bien sûr, je ne dis pas qu'il faut aller à l'autre extrême et passer sa vie le nez au sol, à renifler pour voir si quelqu'un veut profiter de vous. En tant qu'adulte, vous pouvez être flexible. Je veux dire qu'il ne faut pas exagérer l'empressement à s'intégrer.

Si nous nous permettons d'être négligés, courons-nous le risque que d'autres suivent ? Selon le principe : "Si elle continue à prêter de l'argent à Philipe même s'il ne le rembourse pas à temps, ce n'est probablement pas grave si Elle a aussi une semaine de retard".
Bien sûr. Peut-être pas lorsqu'il s'agit d'une seule personne, mais lorsque plusieurs personnes traitent quelqu'un de la

même manière, nous commençons à nous demander si elles n'ont pas raison sur quelque chose.

Et comment cela se traduit-il dans la vie professionnelle ? C'est-à-dire, comment fixer des limites au travail ? Les patrons peuvent être différents, et il n'est pas si facile de changer d'emploi, si bien que l'on entend souvent dire que quelqu'un accepte d'être mal traité par peur d'être licencié. Mais peut-être que si tu te mets en avant, tu vas améliorer ta position. Malheureusement, il n'y a aucune garantie à cet égard. Je crois qu'il est bon de fixer des limites, mais je ne veux pas non plus raconter des histoires pour lesquelles tous les patrons nous apprécieront. Parfois, nous nous trouvons dans un environnement tellement toxique que notre opposition peut même entraîner la perte de notre emploi. Je ne vais donc certainement pas convaincre, par exemple, les personnes qui se trouvent dans une situation financière difficile de se battre avec leurs supérieurs.

Que conseilleriez-vous à ceux qui veulent se rebeller et décident de fixer des limites pour assurer leur propre confort au travail ?
Qu'ils réfléchissent à l'objectif. Si, par exemple, mon patron fait régulièrement des remarques irrespectueuses à l'égard de ses

employées, mon objectif ne sera pas de changer son attitude envers les femmes, mais de faire en sorte qu'il s'abstienne de faire des remarques désagréables en ma présence. Bien sûr, s'il s'agissait de mon ami ou de mon mari, je m'intéresserais à ses opinions et à ses valeurs personnelles. Je voudrais qu'ils soient semblables aux miens, mais lorsqu'il s'agit de personnes au travail, une telle compatibilité n'est pas toujours possible. Cependant, je peux demander calmement et poliment à mon patron d'utiliser des mots différents lorsqu'il s'adresse à moi. Fixer vos limites ne consiste pas à changer les autres, mais à envoyer un message clair sur la façon dont vous voulez être traité par eux. Ne leur faisons pas deviner. Nous ne devrions pas nous attendre à ce que quelqu'un vienne nous voir et nous dise : "Etes-vous à l'aise assis dans ce coin ? Car je t'ai préparé un trône".

Qui ne peut pas défendre ses frontières ?

Comment peut-on décrire les personnes qui ne s'affirment pas ? Leur attitude est souvent appelée timidité, repli sur soi. Elles sont trop soumises, ils ne défendent pas leurs limites, leurs positions ou leurs droits.

Sont-elles inflexibles ? D'une part, elles peuvent être inflexibles. Quelqu'un comme ça n'a aucune certitude intérieure. Elles essaient de l'obtenir de l'extérieur, par exemple en suivant certaines règles au travail et en ne s'en écartant pas. Ou bien elles assimileront les règles de comportement de la société et, bien qu'elles en aient envie, elles ne sauteront jamais sur la table pour danser. Elles respecteront toujours les règles. Mais, d'un autre côté, une personne qui ne s'affirme pas peut sembler souple, ouverte à diverses propositions, alors qu'il s'agit en fait d'une attitude soumise. En fait, les gens lui imposent beaucoup de choses, car elle ne peut pas se défendre.

Il arrive également que les personnes non assertives expriment leur colère ou même leur agressivité de manière incontrôlée. Cela se passe souvent comme ça. Les personnes qui ont des difficultés à s'affirmer sont habituées à ne pas prêter attention à leurs sentiments, à les ignorer. Par conséquent, ils ne réagissent pas à la volée lorsque quelqu'un, par exemple, tente de profiter d'elles. On pourrait dire qu'au moment où elles sont blessées, elles ne le remarquent pas. Cependant, le sentiment d'avoir été lésées demeure en elles et, après un certain nombre d'expériences similaires, il éclate avec une grande force, souvent inadaptée à la situation. Par exemple, quelqu'un va frapper la personne qui s'est frayé un chemin dans la file d'attente. En situation - l'agression et la colère sont excessives, injustifiées, mais si l'on se penche sur leur histoire, elles deviennent plus compréhensibles.

Les personnes qui ne s'affirment pas ont du mal à établir des relations satisfaisantes. J'irais même plus loin en disant qu'elles peuvent avoir du mal à se faire des amis. Elles sont souvent exploitées dans leurs relations, si bien qu'à un moment donné, la décision de se retirer vient spontanément. C'est le seul moyen efficace de ne pas souffrir.

Elles se sentent seuls. Oui, solitaires, aliénées. Elles ne peuvent pas se retrouver parmi les gens parce qu'elles ne peuvent pas se défendre efficacement. Les personnes qui ne s'affirment pas veulent être acceptées parce qu'elles ne s'acceptent pas elles-mêmes. Et il leur semble que le moyen d'y parvenir est de répondre aux exigences de l'environnement. Elles pensent de cette façon

- si je fais ce que quelqu'un veut de moi, il m'aimera, quelque chose pour quelque chose.

Mais à un moment donné, elles se rendent compte que cela ne fonctionne que dans un sens, qu'il y a un système injuste, déséquilibré. Donc, d'un côté, elles sont gentilles, agréables, de l'autre, elles se retirent parce qu'elles ont peur d'être utilisées ou rejetées. Elles envoient ainsi des signaux contradictoires, leur comportement est hétérogène, on ne sait pas trop ce que l'on peut attendre d'elles. Cela rend la situation difficile pour leur environnement, qui commence à les éviter. Par conséquent, la solitude frappe à la porte.

L'affirmation de soi, c'est bien plus que dire "non".

Les gens qui ne s'affirment pas sont-ils hypersensibles ? C'est ce qu'ils ont vécu en tant qu'enfants. C'est ce qu'ils ont vécu dans leur enfance. Ils ne savaient pas de quel côté viendrait le coup - si ce serait un ton de voix, une gifle, un mauvais mot, si cela se produirait dans une minute ou seulement dans deux jours. Il est bon de voir leur détresse.

Il est bon d'être conscient de ses points forts. C'est un autre point très, très important. Nous avons tous nos critiques intérieurs. Mais l'intensité de leur activité est une chose individuelle. Dans le cas des individus qui ne sont pas très affirmées, la voix critique est généralement très intense. Ils sont "bombardés" de messages négatifs, auxquels ils réagissent dans la position d'une petite fille ou d'un petit garçon. Ils ne sont pas sûrs d'eux. Ils pensent d'eux-mêmes que leur opinion ne vaut pas grand-chose, alors ils ne l'expriment pas, ils se retirent. Si, en revanche, ils prennent conscience de l'ensemble des richesses intérieures et extérieures, ils prendront conscience de l'importance qu'ils ont pour eux-mêmes. Alors ils seront aussi importants pour les autres.

Chacun d'entre nous a des forces, il s'agit juste de savoir si nous les voyons. Par exemple, le fait que nous soyons Européens et que nous vivions dans de telles conditions. Dans le cadre des programmes de développement de l'Academy of Process Oriented Psychology, nous avons organisé des voyages en Afrique ou en Asie, où nous avons été confrontés à la pauvreté et au retard de développement. Vous pourrez alors comprendre ce que vous ne voyez pas tous les jours - quel privilège c'est de vivre en Europe. Un autre exemple est l'éducation. Suis-je capable d'apprécier la richesse de mes connaissances, de mon intellect et de mes capacités de communication ? Nous avons tous de nombreux atouts apparemment évidents. Les personnes assertives sont conscientes de ces automatismes et, entre autres, leur force et leur capacité à réagir de manière appropriée en dépendent. D'autre part, les personnes qui ont des difficultés à s'affirmer ne savent souvent pas comment s'apprécier, elles pensent qu'elles ne sont pas assez bonnes.

Si vous en avez envie, vous pouvez faire un petit exercice : notez 20 privilèges que vous appréciez dans la vie. Il est utile de les répéter de temps en temps.

Que peut faire d'autre une personne qui ne s'affirme pas pour améliorer sa vie ? Il s'agit d'actions à facettes multiples et à long terme. La façon la plus simple de commencer est d'examiner ce qui rend les relations difficiles au niveau de la communication. L'assertivité comprend l'utilisation de messages pour parler de vos états émotionnels. Si nous avons une réaction difficile au comportement de quelqu'un, il est bon d'en prendre conscience et de dire que je n'aime pas ça, que c'est difficile pour moi, que je suis désolé.

La deuxième chose est que lorsque nous n'acceptons pas les actions de quelqu'un, nous en parlons sans critiquer la personne. Par exemple, si quelqu'un a abusé de notre confiance, nous ne lui disons pas qu'il est méchant et qu'on ne peut pas compter sur lui, mais par exemple : "j'ai eu des difficultés parce que vous ne m'avez pas remboursé l'argent que je vous ai prêté pendant longtemps". Pour que ce niveau de communication soit possible, vous devez être capable de voir ce qui vous dérange, c'est-à-dire être en contact avec vos sentiments. Nous arrivons ici à un niveau plus profond. Il s'agit de reconnaître et de nommer les émotions qui me concernent. Nous utilisons généralement les termes "je suis contrarié", "je suis en colère", "je suis en colère", et quand tout va bien, nous ne remarquons généralement pas du tout les émotions. En même temps, les sentiments que nous éprouvons sont très diversifiés.

Quels peuvent être les effets d'un travail sur l'affirmation de soi ? Réaliser que le monde n'est pas menaçant. Besoin et capacité accrus de s'ouvrir aux gens. Réagir de manière appropriée à la situation plutôt que de se mettre en position de défense. Exprimer sa colère lorsqu'il y a une raison de le faire. Une communication plus complète avec les gens, c'est-à-dire la capacité de parler de ses besoins, de ses sentiments, d'entendre l'autre partie, ce qui a une incidence positive sur la qualité des relations. Les personnes non assertives se situent aux extrêmes - soit l'agressivité et la colère, soit le retrait et la soumission. Une attitude assertive se situe plutôt au milieu. Et cela vaut la peine de s'y efforcer.

Le refus nous rend-il toujours notre dignité ?

Il est important que nous refusions à temps. Beaucoup d'entre nous refusent trop tard. Nous n'avons pas le courage. Nous nous trompons en pensant que nous pouvons encore y faire face. De plus, si nous ne disons pas non à temps, notre entourage, sans se rendre compte que nous sommes déjà surchargés, essaie bientôt de nous donner autre chose. Puis, lorsque nous sommes au pied du mur, nous explosons, les gens autour de nous ne comprennent pas pourquoi, au lieu d'un "non" calme mais ferme, ils entendent une réponse désespérée et inadéquate. Et ensuite, ils ont le droit sacré de demander avec étonnement : "Pourquoi ne m'as-tu pas dit plus tôt que tu en avais assez ?". Ils ont le droit non seulement d'être surpris, mais aussi d'être offensés. Refusons donc en temps voulu, tant que nous pouvons encore le faire calmement et en toute objectivité.

Et quand vous pouvez trouver quelqu'un d'autre pour faire le travail.

Si nous disons non à temps, le patron ne dira pas : « *Je n'avais pas besoin d'aller te voir avec ça. Mais tu dis toujours que tu feras de ton mieux ! Qui va le faire maintenant ?*" Refusons quand nous ne sommes pas épuisés, ou notre refus ne rendra la dignité à personne. Nous aurons honte de notre comportement et le patron se sentira lésé.

Si on dit non à temps, le patron ne dira pas : "*Je n'avais pas besoin d'aller te voir avec ça. Mais tu disais toujours que tu feras de ton mieux ! Eh bien, qui va le faire maintenant ?".*

Refusons une demande à temps et surtout quand nous savons que nous ne pouvons pas la satisfaire, nous épargnera des critiques . Sinon nous aurons honte de notre comportement et le patron se sentira lésé.

J'ai remarqué que ceux qui savent dire "non" sont plus respectés et ont plus de chances d'être promus. Ils ont certainement dit non de manière opportune, affirmée et calme. Ils ont été appréciés car cela montre leur plus grande maturité, leur intelligence émotionnelle et une meilleure gestion de leurs ressources. Dans les postes à responsabilités, ces compétences sont essentielles. Ces personnes ont également l'avantage de ne pas partir du principe que tout le monde veut les utiliser. Ils savent que pour une personne normale, profiter de quelqu'un n'est pas quelque chose qu'elle souhaite. Parce que la plupart d'entre nous accordent de l'importance au respect mutuel dans leurs relations avec les autres.

En me laissant abuser, je ne me respecte pas, mais je mets aussi les autres dans une situation difficile.

Je le pense vraiment. Lorsque l'entourage d'une personne qui ne disait pas "non" auparavant, entend soudainement parler d'elle : "Vous vous êtes servis de moi tout le temps !", ils ont le droit de se sentir floués, qualifiés d'exploiteurs". Si nous avons déjà donné quelque chose à quelqu'un ou si nous nous sommes permis de le prendre sans protester, nous ne pouvons pas ensuite l'accuser de nous l'avoir volé. C'est injuste. En tant qu'adultes - également dans des relations de dépendance et de subordination - nous ne pouvons pas attendre des autres qu'ils fixent et protègent nos limites à notre place. Nous ne devons pas déléguer cette responsabilité à d'autres.

Ce que vous dites est comme un cataplasme pour l'âme d'un soldat d'entreprise. Mais convaincra-t-elle ceux qui ont peur de la crise et feront tout pour survivre dans l'entreprise ?

C'est précisément parce qu'il y a une crise qu'il faut être particulièrement prudent avec soi-même. Dans une telle situation, il est facile de dépasser les limites de ses capacités. Nous pouvons travailler au-delà de nos forces pendant un mois ou deux tout au plus. Lorsque nous nous épuiserons, nous serons de toute façon licenciés, car nous ne serons plus capables de travailler autant, aussi vite et aussi bien qu'avant. Nous devons donc prendre soin de nous, mettre en pratique nos compétences Et apprenez à refuser. Si le patron nous convainc que seul un effort supplémentaire permettra de sauver notre emploi, nous pouvons décider de travailler temporairement plus. Pour survivre en temps de crise, les entreprises doivent réduire leurs coûts, et nous pouvons être ce coût. Le patron ne prévoit peut-être pas que, malgré notre sacrifice, il devra de toute façon supprimer notre poste. Par conséquent, n'épuisons jamais toutes nos réserves d'énergie. N'oublions pas que nous sommes l'entreprise la plus importante de toutes. Nous devons veiller à bien fonctionner dans toutes les conditions, même les plus difficiles. Parce que si nous tombons malades à cause du surmenage, qui gagnera notre vie ? Si, en ne disant jamais non, nous nous épuisons et perdons toute force et toute volonté de vivre, qui appréciera nos sacrifices?

9 manières pour dire «NON » avec confiance ?

La chose la plus difficile pour nous est de refuser les demandes - comme le savent tous les manipulateurs et les joueurs. La coach allemande Sigrid Engelbrecht nous rappelle que l'on peut dire "NON" de plusieurs façons différentes, en fonction de soi, de la situation et de la personne que l'on refuse. L'important est de le dire avec une confiance intérieure, calmement et de manière amicale.

1. **Un « NON » clair :**

Fonctionne surtout dans les situations professionnelles. Dites : "Malheureusement, je ne suis pas en mesure de vous aider avec ce problème" ou : "Je suis désolé, mais ce ne sera pas possible".

2. **Un « NON » justifié :**

   Vvv En cas de refus, n'expliquez pas les raisons, mais Une brève justification peut aider l'autrer à gérer le refus. Dites : "Malheureusement, je suis impliqué dans un autre projet" ou : "Je suis désolé, mais je veux passer ce week-end avec ma famille".

3. **Prenez un temps de réflexion :**

Le temps de réflexion est une bonne défense contre la manipulation et n'est pas un mauvais moyen d'examiner tous les "pour" et les "contre". Dites : "Donnez-moi un jour pour y réfléchir" ou : "Je voudrais encore consulter mon partenaire à ce sujet". Si votre interlocuteur insiste, dites : "Je ne peux pas prendre une décision aussi rapidement. Si je n'ai pas le temps d'y réfléchir, alors, malheureusement, je dois dire non."

4. **Dire « NON » par principe :**

Si votre interlocuteur est insistant ou si vous vous sentez stupide de refuser un ami, faites appel à vos principes. Dites : "Par principe, je ne prends pas de décisions par téléphone", "Je suis désolé, mais j'ai pour règle de ne pas aller aux soirées d'auteurs".

5. **Un « NON diplomatique »**

Il y a des situations et des personnes à propos desquelles vous devez être plus diplomate - rassurez-les en leur disant que vous êtes prêt à les aider, mais ne cédez pas à la pression. Dites : "Je comprends que vous ne vous sentiez pas à l'aise dans une nouvelle matière, mais je suis sûr que vous vous en sortirez très bien. Mettez-vous au travail et contactez-moi si vous êtes bloqué".

6. **Un « non » en demi-teinte :**

Parfois, il s'agit simplement de limiter votre participation à un projet ou de le reporter. Dites : " Je ne peux pas venir cette semaine, mais revenez me voir la semaine prochaine " ou : "Je peux m'occuper de la première partie, mais pas de la seconde".

7. Dire « NON » en proposant une alternative :

Rediriger Vous renvoyez l'appelant vers une autre source ou lui donnez des conseils précieux. Dites : "Malheureusement, je ne me sens pas compétent sur ce sujet, mais peut-être vous tourner vers...".

8. NON conditionnel :

Vous êtes en fait d'accord, mais à condition. Dites : "OK, je vais le faire, mais en échange, remplacez-moi...".

9. Un « NON » multiple :

Lorsque le manipulateur ne prend pas votre refus au sérieux répétez : "Non, merci". S'il insiste néanmoins, affirmez-vous en disant: "c'est ma décision finale. S'il vous plaît, ne revenons pas sur cette question".

Conclusion :

En conclusion, je pense que la première chose à réaliser si vous voulez arrêter d'être toujours trop gentil, c'est qu'être gentil ne vous donne pas ce que vous espérez vraiment, il vous donne un substitut de ce que vous attendez. Une bien meilleure idée est de travailler à entrer en contact avec vous-même, avec vos émotions et votre corps, au lieu de tout réprimer. Vous devriez apprendre à faire passer vos besoins en premier et non en dernier, à prendre soin de votre langage corporel, de votre capacité à communiquer clairement, à travailler sur un ton de voix ferme, à faire attention à la fréquence et à l'ampleur de vos sourires et à pratiquer ces choses. Il est bon de commencer par quelque chose de simple qui est à l'opposé de ce que vous faites habituellement, mais par petites touches - par exemple, souriez moins, regardez les gens de manière neutre au lieu de vous forcer à sourire comme si vous étiez un domestique trop zélé. Cela vous aidera à développer une graine d'affirmation de soi.

Apprenez à dire non en disant d'abord souvent non à de petites choses, soyez clair sur votre décision et tenez-vous y, faites les choses différemment qu'avant. Occasionnellement, prenez deux places de parking, remontez lentement dans votre voiture à la station-service, prenez votre temps, commandez lentement votre repas au restaurant, réfléchissez lorsque le serveur est à côté de vous, posez-lui des questions, regardez les gens sans sourire, regardez simplement, empêchez-vous de vous jeter dans une situation qui ne vous concerne pas. Il ne s'agit pas du tout de se transformer en cochon égoïste à travers tout cela, mais plutôt d'arrêter d'être un humble veau et de faire ce que vous avez vraiment envie de faire, il s'agit de votre choix. Parce qu'être gentil, c'est être gentil quand on en a envie, c'est une décision consciente que c'est comme ça qu'on veut être en ce moment. C'est la liberté d'être une personne authentique, que vous n'obtiendrez qu'en agissant à l'encontre de ce que vous avez fait jusqu'à présent, à l'encontre des croyances de votre enfance. Arrêtez de penser que le fait que quelqu'un vous aime ou non dit quelque chose sur la vérité à votre sujet. Il suffit que vous soyez suffisamment bon pour les autres, ce qui signifie également être suffisamment bon pour vous-même. Par conséquent, vous devez d'abord apprendre à être bon, à vous accepter et à vous soutenir, apprendre à prendre soin de vos besoins et à vous donner l'amour et l'acceptation que vous essayez maintenant d'obtenir des autres en étant trop soumis. Apprenez à choisir ce que vous voulez vraiment faire de manière authentique. Vous n'êtes plus un enfant ; rien de mal n'arrivera si quelqu'un ne vous aime pas. C'est encore mieux, car cela vous évite de devoir continuer à faire semblant d'être ce que vous n'êtes pas juste pour maintenir la relation. C'est mieux, définitivement mieux de construire des relations sur l'authenticité et le respect de soi. Les gens apprécient cela et si vous ne vous sacrifiez pas, ils seront plus disposés à passer du temps avec vous.

Made in the USA
Coppell, TX
20 February 2023